INTERVISION
Dialogue Methods in action learning

인터비전

개인 역량강화를 위한
동료간 상호지원의
액션 러닝 대화 방법

모니크 벨러슨, 이네즈 콜만 지음
비폭력평화물결 번역위원회 옮김
박성용 감수

INTERVISION
Dialogue Methods in action learning

Copyright © 2016 Boom uitgevers Amsterdam

Originally published in English in 2016 under the title:
Intervision; *Dialogue Methods in Action Learning*
by Monique Bellersen and Inez Kohlmann
Published by Boom Uitgevers Amsterdam, Prinsengracht 747-751, 1017 JX
Amsterdam, The Netherlands. All rights reserved.

Used and translated by BIGONG, a division of Daejanggan Publisher Group.
Korean Editions Copyright © 2025, BIGONG Publisher, Nonsan, CN, South Korea.
This translation has been made possible in part thanks to mediation by the Santasado
Agency, www.santasado.com/agency

액션 러닝 대화 방법
인터비전

지은이	모니크 벨러슨, 이네즈 콜만
옮긴이	비폭력평화물결 번역위원회
감수	박성용
초판발행	2025년 10월 27일
펴낸이	배용하
책임편집	배용하
편집부	윤찬란 최지우 박민서
등록	제2021-000004호
펴낸곳	도서출판 비공
	https://bigong.org | 페이스북:평화책마을비공
등록한곳	충남 논산시 매죽헌로 1176번길 8-54
편집부	전화 041-742-1424 전송 0303-0959-1424
ISBN	979-11-93272-45-9 13320
분류	교육 | 그룹성찰 | 조직관리 |경영

이 책은 한국어 저작권은 Boom uitgevers Amsterdam과 독점 계약한 도서출판 대장간에 있습니다.
저작권법에 의하여 한국 내에서 보호받는 저작물이므로 무단 전재와 무단 복제를 금합니다.

값 22,000원

목 차

소개의 글 … 11
들어가는 말 … 19
서문 … 23

1부 / 인터비전: 액션 러닝의 대화 방법

1장 • 인터비전이란? … 29
2장 • 인터비전과 변화 … 35
3장 • 인터비전, 개인 및 조직 개발 … 46
4장 • 인터비전 요약 … 59
5장 • 인터비전 프로세스의 단계 … 64
6장 • 전제 조건 … 72
7장 • 역할 … 90
8장 • 사례 및 사례 질문 … 107
9장 • 어떤 질문을 할 것인가? … 111
10장 • 함정들 … 122
11장 • 성찰 … 128
12장 • 방법 선택기 … 137

2부 / 인터비전 방법들

방법 1 • A4 방식: 텍스트 해석 ⋯ 147

방법 2 • 긍정적 탐구 ⋯ 157

방법 3 • 발린트 ⋯ 171

방법 4 • 클리닉 ⋯ 178

방법 5 • 잡담하기 ⋯ 187

방법 6 • 거버넌스 및 윤리 강령 ⋯ 195

방법 7 • 도움 주는 질문 ⋯ 204

방법 8 • 사건 방법 ⋯ 215

방법 9 • 10단계 방법 ⋯ 224

방법 10 • U 프로세스 ⋯ 234

문헌자료 ⋯ 248

우리의 목적 ⋯ 252

소개의 글

 2020년 코로나의 충격은 비폭력 평화 훈련가로서 나에게 중대한 화두를 던져주었습니다. 그것은 우리의 삶이 생각 이상으로 매우 취약해졌고, 안전하다 믿었던 국가의 안전 시스템도 무력하며, 모호함과 복잡한 얽힘의 그물망 세상에서 어떻게 보다 근원적이고, 진정성이 있으며, 온전한 삶에로 좀더 깊이 다가갈 수 있을까에 대한 질문이 맴돌게 되었다는 뜻입니다. 많은 이들이 주변의 질병, 노화, 고통의 만연화와 여러 이유에서 단절의 고통으로 오는 불안과 결핍감의 분위기가 일상으로 침투해 오고 있는 것을 목격하고 있습니다. 제가 속한 작은 신앙공동체에서도 교우 여러 사람이 암으로 투병하는 새로운 현상들도 경험하고 있습니다.
 그동안 평화의 일상화를 위해 서클 대화 전파에 노력해 온 저는 뭔가 경청연결과 보살핌돌봄이 포스트-코로나 시대에 들어서면서 중대한 과제가 되었다는 것을 직감적으로 깨닫게 되었습니다. 직감적이란 객관적이거나 물리적인 논리적 증거가 보이지 않아도 그동안 과거에 중대한 결단과 방향 감각에 있어 내면에서 지속적으로 울리는 작은 목소리가 이번에도 계속 울렸다는 뜻입니다. 특별히 주변과 단체의 어려운 사건들을 직접 경험하는 과정에서 다가왔다는 점에서도 더욱 소중한 경험입니다. 저는 나름대로 이것을 'ring true' 곧 내 영혼에 진실의 종이 울리기라고 표현되는 영혼의 감각이 찾아온 것을 말합니다. 그것을 따를 때 나중에 뒤돌아보면 정확히 그 선택이 옳았다고 느껴지는 그 어떤 부름의 희미한 목소리를 지속적으로 느끼게 되었습니다.

그래서 이를 위해 서클의 새로운 가능성을 모색하기 시작했습니다. 때마침 코로나 직전에 시작한 내면대화내면가족체계에 대한 훈련과 더불어 2022년부터 이웃대화에 대한 기획과 2023년도 7월에 출범식도 동료단체 활동가들과 가졌습니다. 그리고 2024년 금년에는 서클 거버넌스에 대한 학기제 훈련과정을 온라인으로 새로 시작하게 되었습니다. 서클 거버넌스는 첫학기를 소시오크라시와 홀라크라시 탐색을, 두 번째 학기는 영혼의 리더십 탐구를 하게 되었습니다.

그리고 마지막 학기를 고민하면서 시대의 징조와 과제에 대해 생각하면서 모험 어린 시도를 하게 되었습니다. 그것은 도미니크 바터가 회복적서클 10주년에서 온라인으로 한국 회복적 서클 진행자들에게 말한 '돌봄의 시스템'에 대한 영혼의 울림에 따라 국내 번역이 없는 두 영어 책을 번역하여 교재로 쓰기로 한 것입니다. 온라인 모임에서 공개요청을 한 결과 다행히도 6명이 기꺼이 자원을 하게 되었고 6월에서 8월 말까지 3개월 일정을 잡고 신속하게 팀워크로 초벌 번역을 완성하게 되었습니다. 그 두 책은 『통찰과 행동insight and action』과 『인터비전intervision』입니다.

『통찰과 행동』과의 오랜 인연도 있습니다. 이 책은 제가 박사과정 마지막 학기에 거했던 펜실베니아 월링포드에 있는 퀘이커 영성센터인 펜들힐Pendle Hill에서 두 책을 구입해 가져왔는 데 그 하나는 피터 우드로의 쪽책자인 『동료분별Clearness』과 이번에 번역하게 된 『통찰과 행동』입니다. 서클진행에 대한 본격적인 소개를 하면서 동료분별 쪽책자는 제가 평화서클교회 개척후 7년 지나 내부에서 실습모임을 진행하게 되었습니다. 그만큼 서클에 대한 개인진행자만 아니라 아예 서클 문화가 형성되지 않으면 시도하기 어려워 시간이 걸렸던 것입니다. 내 수중에서 20여 년간 방치된 『통찰과 행동』도 이웃대화모임이 시작되면서 그 활용의 기회가 온 것으로 느껴져서 이제 번역에 착수하게 되었습니다.

서클을 모임의 앉은 형태로 사용해 온 단체는 더러 있었지만, 서클 자체의 작동원리에 자각하며 수많은 삶의 과제나 도전적인 현실에 서클로 다가가는 것을 의식적으로 일관성을 가지고 성찰한 사람은 그동안 제 앞에서는 없었고 저희 단체 이외는 없었다고 감히 말할 수 있습니다.

저는 9.11 비극사건 때 펜들힐에서의 서클경험과 그후 필리핀 민다나오 섬 산지인토착민의 서클경험을 통해 그 당시엔 몰랐으나 뒤늦게 그 경험이 매우 소중한 사건이었고, 이는 신의 인도에 의한 경험으로 자각하게 되어서 서클에 헌신하게 되었습니다. 『인터비전』도 그러한 자각속에서 수년 전에 우연히 내게 다가온 책입니다.

저는 미주통일운동가이자 통일운동 대부였던 함석헌 선생 제자이자 퀘이커교도인 고 이행우 선생을 통해 미국유학 중에 퀘이커의 국제 평화증언운동을 알게 되었습니다. 그래서 펜들힐에도 그분의 도움으로 한학기 경험할 수 있었고 그후 꾸준히 퀘이커의 비폭력실천 모델들과 지금의 단체도 저에게 인연으로 다가오게 되었습니다. 좀

더 세상에서 구체적인 실천 운동으로 소시오크라시가 네덜란드 퀘이커 교도인 부커부부와 엔덴뷔르흐에 의해 창시되었다는 것을 알게 되었고, 그런 이해가 발전해서 그 주변에 기업과 단체에 공헌하는 『인터비전』의 방식이 있다는 것을 깨닫게 되었습니다. 하나는 미국에서 또 하나는 네덜란드에서의 실험이지만 둘 다 퀘이커의 이상향인 지배없는 동료간 파트너십 사회로의 이상을 구체적으로 실천하는 방식입니다. 그래도 차일피일 프로그램 세팅에는 미루어오고 있다가 금년에 여러 계기로 인해 서클 거버넌스의 중요 학습내용으로 선택하게 되었습니다.

금년도 처음 시작한 '서클 거버넌스' 온라인 인문학 모임은 3~4년 전에 여러 곳에서 말한 '서클의 통합적 비전'에서 여러 동심원 이미지로 각 서클의 위치를 나타낸 도형중에서 가장 외각에 있는 서클 실천입니다. 그동안 다른 서클 진행 모델들을 각각 진행자 리더십과 현장을 세우기 위해 미루었던 부분인데 마지막으로 손놓고 있던 부분을 시도해서 내 나이 70세 이전에 현장에서 리더십이 나오기를 바래서 시작하게 되었습니다.

이 과정은 그동안 서클진행 단체들에 대한 관찰과 내가 속한 단체의 여러 성공과 실패의 경험을 성찰하면서 앞으로 나가기 위한 비전을 모색하기 위해 1년을 한시적으로 집중하게 된 탐구과정입니다. 서클은 단순히 동그랗게 모여서 진행하는 간단한 기술을 습득하는 것으로 끝나는 것이 아니라 인간의 의식 발전과 공동체의 성장에 따른 성숙함이 서클의 진정성, 그 지혜와 힘을 발휘할 수 있게 합니다. 서클 거버넌스에서 탐구했던 관계로서 자율적 통치, 영혼참자아에 기반한

리더십의 방향감각과 선택, 그리고 외부 전문가가 아닌 동료로서 서로의 고통과 활동역량의 미숙함 지원 등은 향후 서클문화가 가정, 모임, 단체, 마을, 공동체에 확산되는 데 중요한 과제가 될 것입니다.

무엇보다 서클이 이상적으로 추구하는 각자의 '진정성'이 들려지기와 서로를 '돌보기'가 어떻게 질적인 의미에서 향상될 수 있는가에 관련하여 서클의 질적인 상호돌봄의 시스템이 개인역량을 넘어 필요했었습니다. 물론 서클진행자의 내적인 의식고양의 절실한 필요성도 새롭게 제기되고 있습니다. 그래서 비폭력 성장그룹을 활성화시키고, 서로 부족한 전문역량을 스스로 지원하는 이 두 책은 여러 영감어린 지혜와 구체적인 실천 방식을 제공해 줄 것이라 기대합니다. 서클 활동가라면 누구나 점차 깨닫고 있듯이 서클은 단순히 커뮤니케이션의 진정성만 아니라 권력·힘의 분배에도 민감합니다. 특히, 힘에 있어서도 강제하는 힘보다 연결하고 역량을 부여하는 empowering에 대한 힘의 중요성을 알게 됩니다. 이 책들은 그런 과제에 정말 알맞은 용도의 책입니다.

한 가지 언급할 것은 퀘이커의 오랜 전통인 각자 내적인 빛에 근거한 친우회퀘이커교도를 지칭함 회원들의 지원을 목적으로 진행해 온 「clearness」에 대한 국내의 활동을 약간 소개하여 혼란을 덜어드리고자 합니다. 교육센터 「마음의 씨앗」에서는 10여년 전부터 퀘이커 사상가 파커 파머의 '가르칠 수 있는 용기CTT'의 자매 프로그램인 '마음비추기 사계절피정'을 진행해 오고 있고 그 프로그램 안에 중요한 내용 하나가 '명료화모임clearness meeting'입니다. 저도 이 사계절 피정의 진행자 모임에 속해 있으며, 파커 파머는 10여년 동안 펜들힐에서 퀘이커의 전통을 리트릿 형태로 개발하여 사회에 퀘이커전통에 낯선 이들에게 기여해 왔습니다.

또 하나의 흐름은 펜들힐이 있는 월링포드보다 더 퀘이커 교도들이 많이 살고 있는 필라델피아 시내에서 퀘이커가 운영하는 '필라델피아 라이프 센터'에서 지역활동가들을 대상으로 피터 우드로와 그의 동료들이 비폭력평화활동 분별을 위한 'clearness'의 적용입니다. 저는 사계절피정의 '명료화모임'의 특성을 침해하지 않으면서, 피터 우드로가 활동가들과 연결하여 도전받는 것들에 대해 지원했던 그 전통에 입각하여 clearness meeting을 따로 동료분별모임으로 번역하여 소개합니다. 내가 알기에는 전자는 명료화모임이 삶의 문제를 직접 다루기보다는 내면의 빛에 따른 자기 소명 확인과 자기 정체성 발견에 좀더 초점을 두고 피정 형태로 고요한 분위기에서 진행되는 것이라면 필라델피아라이프센터에서 진행된 것은 약간 다릅니다. 도시 생활 한가운데서 지역활동가로서 경험하는 폭력과 도전들에 마주하며 나타나는 문제들을 직접 다룬다는 점과 축하와 노래, 편견 확인, 지지와 확언 그리고 필요시 지속적인 돌봄지원 등의 분위기와 과정이 그 목적에 맞게 차이점을 둔다는 것입니다. 따라서 후자의 경우 피정 형태를 취하지 않고 문제가 있을 때 신청자의 요청에 따라 동료분별모임이 구성됩니다.

우리의 취약한 삶을 지원하기 위한 목적으로 상호 보완의 책으로 나온 『통찰과 행동』과 『인터비전』이 나오기까지 번역팀으로 활동해 준 김영범, 김향숙, 이맹기, 이선영, 전하늬, 최희자 등 서클활동 동료들께 감사드립니다. 활동가로서 그리고 대부분 현직 교사로서 학교의 바쁜 일정에도 불구하고 함께 기일내에 마무리할 수 있도록 값진 수고와 시간을 내어주었습니다. 본인들 이름이 표지에 나오는 것을 주저해서 번역위원회 이름으로 모셨습니다.

바라건대 이 쌍둥이 번역 책은 서클활동가들이 모임과 단체활동을 통해 스스로 자조 그룹self-help groups을 만들어 개인의 성장과 사회의 변화에 실질적인 아이디어를 제공하는 영감어린 효소 역할을 하기를 기원합니다. 그래서 자신의 주변과 동네가 좀더 따스해지고, 살만한 정감어린 파트너십 세상으로 바뀌어 가는 데 도움되기를 간절히 바라고 있습니다. 앞으로도 이런 기회가 있어서 번역팀들이 꾸려져서 비폭력 실천의 여러 아이디어들이 세상에 제공되길 기대하고 있습니다.

그 첫 걸음의 결실에 신의 은총이 함께 하시길 마음모아 빕니다.

사회가 2022년 11월 챗지피티의 등장으로 급격히 변화되고 있고 그 변화의 가속도는 어지러울 지경입니다. 지식이 외장하드처럼 생성형 AI가 담당할 급격한 변동의 시대에 이 두 권의 책은 변화의 주체성을 개인의 가치와 열정 그리고 이를 지원하는 탈지배적인 상호돌봄의 메커니즘을 통해 변화의 도전을 긍정적인 학습의 기회로 제공하는 안전한 경험적 학습과 상호돌봄 그리고 함께 성장하는 경청동반자의 문화를 제공합니다.

첫 인쇄가 나가고 온라인 실습 워크숍과 참여자들의 재학습 모임이 자발적으로 진행될 만큼 이 두 책은 서클진행 활동가들의 주목을 받아왔습니다. 특히 이 과정이 끝나자마자 12.3내란사태가 터지면서 여전히 장해가 되는 권위와 권력 시스템에 대안적인 풀뿌리부터 근원적인 민주역량 구축에 대한 방법론이 긴급히 필요해졌습니다. 이제는 당분간 이 두 권의 통찰을 시민사회와 정치권에서 자기-조직화에서 깊이 나눌 시점이 되었습니다. 저는 2025년 가을부터 이에 대한 권역별 워크숍을 진행하여 활동가, 조직가, 실천가들에게 이 두 권이 담고 있는 경청과 열린 질문의 대화 방식을 제공할 예정입니다.

  출판사에서는 처음에 합본으로 계획했던 것을 휴대하기 좋게 책 크기를 줄이고 글자의 크기를 키우면서 책의 분량이 많아졌기 때문에 부득불 두 권으로 출판하게 되었습니다. 언제나 판매 수익이 없는 평화 훈련 책 출판에 고민하지 않고 기꺼이 도움을 주는 도서출판 대장간 배용하님의 후원에 깊이 감사드립니다. 본격적인 출판은 2025년이지만 그 첫 출판을 기억하기 위해 날짜는 첫 인쇄 날짜 그대로 합니다. 모든 단체, 그룹, 공동체, 종교기관, 정치나 성장그룹에 이 책의 비전이 큰 도움이 되리라 확신합니다.

2024.9.1.

박성용 대표Ph.D in Religion/비폭력평화물결

들어가는 말

자신의 경험을 방법에 관한 실용적인 책에 담을 수 있을 만큼 용감한 전문가 동료들을 저는 완전히 존경합니다. 그래서 저는 인터비전 분야에서 오랫동안 활동해온 네덜란드 경영 컨설턴트인 모니크 벨러슨Monique Bellersen과 이네즈 콜만Inez Kohlmann이 지금 여러분이 손에 들고 있는 책을 용감하게 집필한 것에 대해 정말 존경심을 느낍니다.

인터비전Intervision-'그룹 성찰'이라는 용어를 직역할 수 있는 영어 표현이 없다-은 네덜란드의 경영 컨설턴트 커뮤니티에서는 오랜 전통을 가지고 있습니다. 다양한 분야의 관리자, 직원 전문가 및 전문가들이 널리 사용하고 있습니다. 네덜란드 경영 컨설턴트 협회인 Ooa는 25년 동안 매년 인터비전 그룹을 조직하여 상당한 성공을 거두었습니다. 이러한 과정을 통해 인터비전은 네덜란드의 많은 컨설턴트들의 마음과 머릿속에 자리 잡게 되었습니다. 그리고 이러한 컨설턴트들의 활동을 통해 다른 많은 전문가와 조직의 서클에서도 인터비전이 자리 잡게 되었습니다.

수년 동안 저는 여러 나라의 컨설턴트들과 활발하게 일해 왔습니다. 그때마다 저는 자신의 업무에 대한 성찰의 핵심 방법으로 인터비전을 소개하고 싶었습니다. 많은 컨설턴트와 관리자들은 '행동'이나 '실행'에는 매우 능숙하지만 '생각'에는 다소 조급하고 '성찰'에는 서투른 경우가 많습니다. 특히 컨설턴트는 전문적인 사고 과정의 더 깊은 층과 연결되는 것을 포함하여 다양한 수준에서 자신의 행동을 재고할 수 있어야 합니다.

30년 전 도널드 숀Donald Schön은 전문가가 활동하면서 어떻게 생각하는지 설명하는 유명한 저서인『성찰적 실천가The Reflective Practitioner』를 썼습니다. 이는 모든 컨설턴트가 전문직에 종사하는 동안 개발해야 하는 부분입니다. 컨설턴트는 자신만의 방법과 도구의 세부 사항을 발견하고 실제 상황에서 각 과제에서 발생하는 문제를 해결하는 방법을 배워야 합니다. 어려운 사례에 대해 동료들과 함께 고민하면서 제 자신의 컨설팅 정신에 대한 통찰력을 얻을 수 있었습니다. 덕분에 저는 확실히 더 나은 컨설턴트가 되었습니다! 수년 동안 제가 이끌었던 다른 많은 전문가 그룹에서도 이러한 성찰적 학습 접근 방식에 대해 동일한 피드백을 들었습니다.

과학자나 실무자 모두 많은 사람들이 경영 컨설턴트가 아직 성숙한 직업으로 발전하지 못했다고 주장합니다. 비교적 젊은80년 정도? 직업이기 때문에 그들의 말이 맞을 수도 있습니다. 하지만 많은 국제적인 동료들과 이야기를 나누면서 전 세계 컨설턴트들이 실제로 같은 일을 하고 있다는 사실을 알게 되었습니다.

본질적으로 우리는 모두 비슷합니다. 공자, 마키아벨리, 맥킨지, 그들은 모두 효과적인 조언의 의미를 알고 있었습니다. 그렇기 때문에 전 세계 모든 컨설턴트의 지속적인 개발 포트폴리오에서 그룹 내 동료 성찰, 즉 인터비전을 실천하는 것은 정말 필수적인 활동입니다.

이 책은 성찰적 학습을 처음 시작하는 분들에게 큰 도움이 될 것입니다. 또한 고급 그룹과 진행자를 위한 훌륭한 가이드이기도 합니다. 모니크 벨러슨과 이네즈 콜만의 책이 전 세계적으로 큰 베스트셀러가 되어 인터비전의 성공을 증명할 수 있기를 바랍니다. 그리고 그것은 우리 직업의 성장과 이 그룹 성찰 방법을 채택하는 다른 모든 직업의 성장에 좋은 신호가 될 것입니다.

롭 와게나아르 ROB WAGENAAR
공인경영컨설턴트CMC:CERTIFIED MANAGEMENT CONSULTANT
네덜란드 IMC국제경영컨설팅기관협의회 전 부의장,
전 국제경영컨설팅기관협의회ICMCI 회장

서문

> 들은 것은 잊을 것이고,
> 본 것은 기억하며
> 행한 것은 이해한다.
>
> - 공자, 중국의 철학자이며 개혁가 551-479 BC -

최근에 어떤 질문이 당신의 작업에 결정적인 영향을 미친 적이 있는가?

대화는 질문이 정말 중요할 때에만 흥미로워진다. 좋은 질문은 어떤 대답보다 훨씬 더 나은 변화를 가져올 수 있다. 인터비전을 통해 사람과 조직에서 빠르고 목표에 맞는 변화를 이끌어낼 수 있는 방법에 매료되었다. 인터비전은 직장에서의 행동 방식과 이를 개선하기 위해 무엇을 할 수 있는지에 대한 통찰력을 제공한다. 직장인들은 이 책을 통해 자신의 업무 스타일에 대한 통찰력을 얻고 자기 성찰을 통해 개선점을 찾아 실행하는 방법을 체계적으로 배울 수 있다. 이를 위해서는 건설적인 질문을 해야 한다. 도움주는 질문을 하는 방법을 아는 것은 업무의 다른 측면에서도 유용하다.

인터비전은 자신의 행동에 대한 책임은 궁극적으로 자신에게 있다는 생각에 기반한다. 여러분은 자신과 자신이 하는 일을 다르게 바라보고 개선할 점을 찾는 방법을 배우게 된다. 인터비전에서는 자신의 전문성 개발, 해당 분야의 전문성, 다른 사람과 협력하는 방식, 개인 성과를 스스로 책임진다.

우리는 현장에서 인터비전 과정이 업무 경험을 교환하고, 조언을 제공하고, 알려진 문제를 해결하는 데 그치는 경우가 많다는 사실을 발견했다. 우리는 지금이 변화의 시점이라고 생각한다. 지속적인 변화와 발전으로 이어지기 위해서 보다 집중적이고 깊이 있는 교육이 필요한 시점이라고 생각한다. 이것이 우리가 이 책을 쓴 이유이다. 좋은 인터비전은 한 걸음 더 나아가 자기 성찰의 수준까지 나아가고 근본적인 견해와 행동 패턴, 즉 사람들이 직면하고 무의식적으로 삶에서 계속 행동하게 만드는 숨겨진 동인을 다시 살펴본다. 더 깊은 수준에 도달할 수 있다면 영구적인 변화가 가능해진다.

이 책은 개인과 팀, 조직을 위한 전문적인 학습 및 개발 도구로 인터비전을 사용하는 방법에 대해 설명한다. 초보자에게는 빠른 결과를 제공하고 배우는 데 시간이 거의 걸리지 않으며, 모든 조직의 모든 그룹에서 사용할 수 있는 방법을 소개한다. 상급자를 위해 이 책은 자신과 자신이 근무하는 조직의 발전에 더 깊이 기여할 수 있도록 인터비전을 세밀하게 조정한다.

조직에는 수익 창출, 품질 제공, 고객 만족 또는 인재 유치와 같은 목표가 있다. 사람과 관련된 목표는 때때로 달성하기 어려울 수 있지만 추구하는 결과의 성공적인 달성을 결정하는 데 큰 도움이 된다. 좋은 인터비전이 이를 도울 수 있다.

국제기구에서 인터비전을 적용하는 것은 문화적 차이가 인터비전 그룹에서 어떤 역할을 할 수 있기 때문에 도전이 될 수 있다. 전 세계 전문가들에게 인터비전에 대한 경험을 소개하고 우리가 사용하는 다양한 방법에 대해 알려드리고자 한다.

이 책을 통해 개인, 팀, 조직이 인터비전을 전문화를 위한 도구로 활용할 수 있기를 바란다.

여러분의 의견, 소감, 제안 및 질문을 기다리겠다.
www.networkintervision.com

이 책을 완성하는 데 기여해 주신 모든 분들께 감사드리며, 유럽 안팎으로 인터비전에 대한 소식을 더욱 널리 알릴 수 있기를 바란다.

모니크 벨러슨과 이네즈 콜만 / GORINCHEM, THE NETHERLANDS, 2016

1부 • 인터비전: 액션 러닝의 대화 방법

1. 인터비전이란?
2. 인터비전과 변화
3. 인터비전, 개인 및 조직 발전
4. 인터비전 개괄
5. 인터비전 과정의 단계
6. 전제 조건
7. 역할
8. 사례와 사례 질문
9. 어떤 질문을 해야 할까?
10. 난관
11. 성찰
12. 방법 선택기

1장 • 인터비전이란?

사람들은 사물이 아니라
사물을 바라보는 관점에 의해 방해를 받는다.

-에픽테투스, 고대 그리스

　인터비전은 전문가가 동료 또는 동료 전문가에게 도움을 요청하여 직장에서 겪는 문제에 대한 통찰력을 얻는 전문성 개발의 한 형태이다. 5~8명의 참가자로 구성된 그룹은 한 명의 참가자사례 제공자가 제출한 문제를 하나 또는 다른 인터비전 방식으로 질문함으로써 풀어간다. 참가자들은 해결책을 제시하는 것이 아니라 질문을 통해 사례 제공자가 스스로 답을 생각해낼 수 있도록 유도한다. 이러한 질문은 사례 제공자가 새로운 사고 방식을 개발하고, 자신의 사례에 대한 통찰력을 얻고, 이러한 통찰력을 통해 새롭고 대안적인 행동 방식을 개발하는 데 도움이 되어야 한다. 진행자는 선택된 인터비전 방법에 따라 사례에 대한 토론을 이끌어간다.

　인터비전은 업무에 대한 자신의 문제, 업무 스타일, 업무에 영향을 미치는 개인적 또는 직업적 관점을 다루는 것이다. 따라서 인터비전은 항상 일상적인 업무, 전문화, 학습 및 자기 개선과 연결된다.

　인터비전은 업무에 대한 자신의 스타일과 개인적인 견해를 파악할 수 있게 해준다. 이는 업무를 처리하는 방식에 중요한 역할을 하며 조직에도 영향을 미친다. 우리는 이를 숨겨진 동인, 즉 업무에서 여러분을 움직이게 하는 여러분 자신의 암묵적인 신념이라고 부른다. 인터비전 세션에서는 숨겨진 동인을 발견하고 명확히 파악하여 개선할 수 있도록 서로를 돕는다. 문제를 해결하기 전에 먼저 무엇이 문제를 일으키는지 파악해야 한다.

인터비전의 목적은 보다 효과적으로 일할 수 있도록 돕는 것이다. 인터비전은 전문성을 향상시키고 자신의 역할, 행동, 업무 스타일은 물론 무의식적으로 업무에 영향을 미치는 자신의 견해와 신념에 대한 통찰력을 얻는 것을 의미한다.

액션 러닝과 인터비전

액션 러닝은 실제 사례를 사용하여 일상적인 현실에 초점을 맞춘다. 액션 러닝의 기본 개념은 학습과 업무가 함께 진행되어 지식을 바로 적용할 수 있도록 하는 것이다. 이 방법은 원래 업무 환경의 끊임없는 변화에 대응하기 위해 레그 레반스Reg Revans, 1907-2003가 1940년대에 개발했다. 그룹은 일상적인 업무 경험을 공유하고 질문을 통해 지속적으로 성찰할 것을 권유받는다. 이를 통해 학습을 강화하고 참가자들이 새로운 통찰력을 얻고 직접 적용할 수 있는 자신만의 솔루션을 찾을 수 있도록 한다.

액션 러닝에서는 학습과 업무가 함께 진행되며 주변 환경이 큰 역할을 한다. 이것이 기존의 학습과 다른 점이다. 레반스는 자신의 이론을 사람들이 경험하고, 보고, 느끼는 것에 대한 통찰력을 얻는 방법을 설명하는 공식으로 변환했다: L=P+Q. 이 공식에서 L은 학습을, P는 이전에 습득했거나 내재된 지식을 기반으로 하는 프로그램된 지식을, Q는 질문을 던지고 주의 깊게 듣고 학습함으로써 가정과 생각을 조사하는 질문 통찰력을 나타낸다.

질문하기 통찰력은 문제의 원인에 더 많은 주의를 기울이고 개인이나 조직이 따르는 생각과 규범에 반하는 해결책이 있을 수 있는 이중 순환 학습Argyris와 Schön이 명명함에 초점을 맞추고 있다. 이중 순환 학습에서는 기존 시스템 틀 내에서 변화가 일어나지 않으며, 실제로 변화하는 것은 바로 이러한 틀이다.

액션 러닝에서는 개별적으로도 학습하지만, 그룹으로 실제 문제를 해결하고 실제 행동에 대해 성찰하면서 학습한다. 마이클 마쿼트는 좋은 성찰의 가치를 보장하기 위해 공식을 확장할 것을 제안했다: L=P+Q+R. 여기서 R은 성찰을 의미한다.

액션 러닝 프로세스는 오랜 시간이 걸릴 수 있다. 여기에는 다음과 같은 중요한 요소가 포함된다:

- 까다로운 실제 프로젝트나 문제
- 직무를 통해 서로 연결된 다양한 사람들예: 프로젝트 구성원, 관리자, 고객로 구성된 그룹5~8명
- 성찰, 질문, 경청에 중점을 둔 프로세스
- 학습에 초점 맞추기
- 행동 약속
- 프로세스 진행자

인터비전과 마찬가지로 액션 러닝도 일상 업무와 연결된다. 이 책에서 설명하는 인터비전 방법은 실제 사례를 심층적으로 성찰할 때 도움이 될 수 있다. 이 방법들은 자신의 가정과 규범을 조사하는 많은 도구를 제공한다. 다양한 접근법을 통해 사례질문에 적합한 방법을 선택할 수 있는데, 이는 사안마다 다른 질문 방식이 필요하기 때문이다.

액션 러닝과 인터비전 둘 다 핵심은 개인의 꾸준한 성찰과 조직내에서의 역할이다. 이로 인해 조직의 발전에 기여하는 지속적인 배움이 가능하다.

기타 용어

개인이나 조직의 전문화에 대해 이야기할 때 실제로 사용되는 용어들이 있다. 그것이 인터비전과 어떻게 다른지 살펴 보기 위해 몇가지 용어들을 명확하게 해 보자.

동료 컨설팅

동료 컨설팅Peer Consultation은 일반적으로 한 분야의 동료 그룹이나 여러 분야에 걸쳐 있는 전문가들 그룹을 대상으로 한다. 목표는 자신의 경험과 문제를 자신의 직업/직무와 관련해서 논함으로써 자신의 전문성을 증대시키고 다른 참여자들의 관점이나 직업표준에 비추어 검토하는 것이다. 종종 한 개인의 지식과 기술, 행동, 의사 결정에 대한 검토가 이루어지기도 한다.

또한, 동료들과 관련된 경우, 개인의 행동을 같은 분야의 다른 사람들의 규범 및 지침과 비교할 수도 있다. 특히 전문 지식, 전문적인 행동 방식, 전문적인 견해에 대해 논의할 수 있다.

동료 비평 컨설팅은 평가하고 판단하는 특성으로 인해 인터비전과 다르다. 평가나 판단이 인터비전에는 없다. 왜냐하면 인터버전은 자신의 스타일과 업무에 대한 견해를 발견하는데 목적이 있기 때문이다.

코칭

코칭은 일대일 관계를 기반으로 하는 개인 지도의 한 형태이다. 코칭에서는 특정 상황에서의 지원이나 특정 작업을 완료하는 데 중점을 둔다. 코칭받는 이는 토론을 통해 배우고 코치는 코칭을 받는 이의 문제를 지원하고 안내하기 때문에 이 관계는 위계적이다. 이것은 코치와 코칭받는 이 사이의 비밀스러운 여정이다.

인터비전에서는 위계가 전혀 존재하지 않으며, 핵심은 참가자의 평등과 상호 학습이다. 그렇기 때문에 인터비전은 항상 그룹으로 진행된다.

슈퍼비전

슈퍼비전Supervision은 업무 상황에서 발생하는 특정 문제에 대처하는 방법을 체계적으로 배우는 직업 중심의 현장 지도이다. 자신의 업무 경험을 되돌아보고 더 나은 업무 수행 방법을 배우는 것이다. 슈퍼비전에서는 현재 상황뿐만 아니라 앞으로 다가올 상황에서도 배우는데 중점을 둔다. 슈퍼비전은 문제에 대해 더 많이 알고 있거나 더 높은 계층적 위치에 있기 때문에 지도를 받는 사람과 다른 관계에 있는 사람인 슈퍼바이저가 주도한다. 이는 관계가 동등하고 그룹으로 함께 일하는 인터비전과는 다르다.

중재

중재Mediation는 두 명 이상의 사람, 당사자 또는 그룹 간의 갈등을 해결하는 데 도움을 주는 전문적인 개입이다. 서로 대화를 통해 공동의 해결책을 찾는 것이 목표다. 목표는 모든 당사자가 완전히 만족할 수 있는 해결책을 찾는 것이 아니라 모두가 동의할 수 있고 각자의 이해관계에 부합하는 합의를 도출하는 것이다. 이 과정에서 중립적인 제3자인 중재자의 도움을 받는다.

이 책은 인터비전에 중점을 둔다.

2장 • 인터비전과 변화

우리를 둘러싼 세상은 끊임없이 변화하고 있다. 사람과 조직은 이러한 변화에 대응해야 한다. 사람들은 환경의 질문과 요구에 대응하는 동시에 자신이 제공하는 제품과 서비스에 가치를 더하고 변화하는 환경과 경쟁력있는 위치를 확보하는 데 집중해야 한다. 이 모든 것에는 혁신이 필요하며 적응력이 요구된다. 모든 변화는 조직에 영향을 미치며 기존의 업무 절차, 프로세스, 서비스 또는 다른 형태의 팀워크 같은 측면에서 직원들에게 영향을 미친다.

프로그램은 조직 및 리더십 개발의 전망을 가지고, 즉 이러한 변화에 대처하는 방법을 배우기 위해 만들어지는 경우가 많다. 이러한 변화가 내 업무나 팀에 어떤 의미를 갖는가, 어떻게 결과에 기여할 수 있는가, 어떤 기술이나 역량을 개발할 수 있는가, 정확히 무엇을 바꿔야 하는가, 이를 위해 어떻게 해야 하는가 등의 질문이 적절한 질문에 포함될 수 있다.

시간이 지남에 따라 사람들은 자신의 직업적 경험을 바탕으로 업무와 관련된 견해와 기준을 정립하게 된다. 이러한 구성요소들을 사용하여 모든 사람은 자신만의 고유한 요소로 자신만의 작업 스타일을 확립한다. 일상에서 사람들은 이 과정을 거의 알아차리지 못한다. 하지만 자신의 업무 방식을 의식적으로 인식하면 이를 면밀히 검토하고 발전시키거나 완전히 바꿀 수 있는 능력을 갖게 된다. 전문가는 자신을 비판적으로 바라볼 수 있어야 하고, 더 나은 성과를 내기 위해 자신만의 전문적 작업영역을 개선하고 개발하고자 적극적으로 노력할 수 있어야 한다. 인터비전은 이 과정에서 중요한 역할을 할 수 있다.

더 많은 학습과 발전을 위해서는 정기적으로 자신의 행동과 그 효과에 대해 생각해 보아야 한다. 이러한 성찰은 지속적인 학습의 기회를 늘리기 위해 체계적으로 이루어져야 한다. 지식 개발, 실제 경험 및 자기 분석은 인터비전에서 동료 기반의 액션 러닝 프로세스로 합쳐진다.

인터비전의 수준

이 책에서는 인터비전을 세 가지 수준으로 구분한다. 이러한 수준은 사례 토론에서 달성되는 깊이의 정도를 설명한다. 우리가 인터비전을 통해 보다 전문적이 된다고 이야기할 때 자신의 역할과 개인적인 업무 스타일을 인식하고 개인적, 직업적 관점에 대한 통찰력을 확보하여 새로운 업무 방식에 도달하는 것을 의미한다. 이러한 관점은 숨겨진 동인으로 볼 수 있는데, 이는 업무에서 사람의 행동과 행동 방식을 이끄는 잠재적인 아이디어를 말한다. 이러한 생각은 바꾸기 쉽지 않을 수 있다. 그것에 대해 알고 있기는 하지만 아직 바꿀 수는 없는 상태라 할 수 있다.

인터비전 그룹 참여자는 사례 제공자가 개인적으로, 전문적으로 성장하기 위해 자신의 견해를 발견하고 명료화할 수 있도록 돕는다. 사례 제공자는 실제 상황과 거리를 유지하면서 자신의 전략을 점검하고 자신의 행동 패턴을 파악할 수 있도록 도움을 받는다. 사례 제공자는 새로 수립한 행동을 일상 업무에서 실험해 보도록 권장된다. 사례 제공자가 그들의 근본적인 가치와 의견을 더 깊이 파악할수록 변화의 측면에서 인터비전의 영향은 더 지속될 것이다.

우리가 식별하는 세 가지 수준은 다음과 같다:

1. 사례 수준: 특정 사안

사례는 사안의 관점에서 논의된다. 어떤 것이 더 효과적일까? 내가 무엇을 할 수 있을까? 나의 대안은 무엇인가? 무엇이 잘 작동했고 어떻게 했으면 더 좋았을까? 이 단계에서 사례의 내용이 가장 중요하다. 근저에 있는underlying 사례 질문과 주제에 대한 이유는 그다지 많이 논의되지는 않는다.

2. 특성적인characteristic 행위 수준: 접근 방식

이 특정 상황에서 사례는 사례 제공자의 행동 차원에서 논의된다. 내 업무 스타일은 무엇이며 왜 이 방식을 선택했을까? 이 접근 방식을 선택한 이유는 무엇인가? 내 업무 스타일의 특징은 무엇인가? 업무 스타일이나 접근 방식과 관련하여 과제 수행 시 일반적으로 내가 취하는 방식은 무엇인가? 여기서는 사례 제공자가 우선이다. 더 깊은 견해에 대한 검색은 덜 논의된다.

3. 관점 수준: 숨겨진 동인 hidden drivers

이 수준에서 사례는 제공자의 전문적 견해와 개인적 견해 차원에서 논의된다. 진단의 근거가 되는 견해는 무엇인가? 어떻게 설명할 수 있을까? 그 견해는 무엇을 의미하며 내 상황에 어떤 영향을 미치는가? 사례 논의에서 직업, 나 자신 및 다른 사람에 대한 어떤 가정이 명확해졌는가? 언제부터 내게 상황이 불편해졌나? 구체적인 상황은 우리의 숨겨진 동인을 인식하는 방법을 배우기 위한 도구이다. 이러한 동인은 패턴으로 반복되는 행동을 형성하고 우리가 인지하지 못하는 사이에 우리의 사고와 행동 방식에 영향을 미친다.

〈표 1〉 인터비전의 수준(벨러슨, 콜만)

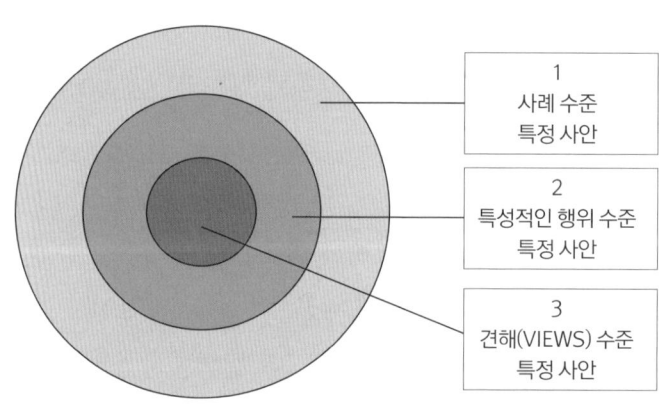

인터비전 그룹이 첫 번째 특정 수준을 뒤로 하고 더 깊은 수준으로 내려 가는 것은 어려울 수 있다. 사례의 내용에 대해 토론하는 것은 매우 매력적으로 보일 수 있지만, 사례 제공자의 특성이나 동기에 대해 이야기하는 것은 더 어렵고 사적인 문제이기 때문이다. 사례 대신 사례 제공자의 역할에 초점을 맞춰야 한다. 2단계와 3단계는 사례 제

공자가 달성하고자 하는 변화가능성에 더 많은 영향을 미친다. 이러한 수준을 인식하고 사례 제공자, 사례 질문 및 견해에 적극적으로 집중하면 한 번에 한 단계씩 수준 3까지 내려 갈 수 있다. 이 정도 깊이에서는 그룹에 대한 신뢰와 안전하다는 느낌이 매우 중요하다.

이 책을 집필하는 동안 학습과 변화의 영역에서 최신의 통찰들을 적용했다. 이러한 이론은 인터비전을 통한 액션 러닝과 관련된 개념에 대한 견고한 기반을 형성한다고 생각한다.

우리가 사용한 통찰내용들은 아래와 같다:
- 베이트슨과 딜츠의 논리적 학습 수준;
- 도널드 숀의 성찰적 학습과 행동;
- 아지리스와 쉔의 단일, 이중, 삼중 순환 학습.

논리적 학습 수준 - 베이트슨(Bateson)과 딜츠(Dilts)

인류학자 그레고리 베이트슨Gregory Bateson1972, 1979은 논리 수준이라는 개념을 도입했다. 로버트 딜츠는 베이트슨의 논리적 학습 수준을 자신의 통합 분야 이론에서 더욱 발전시켰다. 논리적 학습 수준 이론논리적 변화 수준 및 논리적 사고 수준이라고도 함은 우리가 학습변화하고 기능하는 6가지 논리적 수준의 신념을 기반으로 한다.위키백과

베이트슨과 딜츠는 논리적 수준이 특정 사례의 초점을 사례 제공자의 역할과 견해로 바꾸는 데 어떻게 도움이 되는지, 어떤 수준의 신념과 해석이 중심이 되는지 설명한다. 이는 사람들이 어떻게 생각하고 배우는지, 다른 논리적 수준에 있을 때 자신이 하는 행동, 할 수 있는

행동, 원하는 것, 자신의 모습을 변화시킬 수 있는지를 분석하는 도구이다.

베이트슨과 딜츠는 인간의 행동이 부분적으로는 업무 환경에 의해, 부분적으로는 개인적인 요인에 의해 영향을 받는다고 생각한다. 논리적 수준에 속하는 질문은 사람의 행동과 가능한 근본적인 견해 또는 패턴에 대한 토론을 시작하는 데 사용할 수 있다. 그 답변들로 문제를 한 단계 더 발전시킬 수 있다.

사안을 조사할 때는 여러 단계를 거치게 된다. 베이트슨과 딜츠는 상위 단계의 변화는 항상 하위 단계에 영향을 미친다고 말한다. 예를

표 2 • 학습의 수준(자료출처 베이트슨,1972, 1984, 딜츠,1993)

	수준	질문
6	영성	우리는 모두 더 큰 시스템의 일부라는 사실에 대한 강조. 무엇이 나의 목적인가? 무엇이 나의 사명인가?
5	정체성	당신의 동기에 대한 강조. 나는 누구인가? 이것은 나 자신에 관하여 무엇을 가르쳐주는가?
4	신념	신념과 가치에 대한 강조. 어떤 의도인가? 나에게 중요한 것은 무엇인가?
3	능력	누군가가 하거나 할 수 있는 것에 대한 강조. 나는 무엇을 할 수 있는가? 나는 어떻게 그것을 할 수 있나?
2	행동	당신 자신의 행동과 그 영향에 대한 강조. 나는 무엇을 하고 있는가?
1	환경	어떤 일이 있었는지에 대한 강조. 어디서? 언제?

들어, 신념수준4을 조정하면 행동수준2에 변화가 생긴다. 반대의 경우는 양상이 다르다. 하위 단계의 변화가 상위 단계의 변화 또는 새로운 방향으로 이어질 수 있지만 반드시 그렇지만은 않다. 사례 제공자의 문제와 참가자의 질문에 대해 작업하면서 사례 기반 추론이 어느 수준에서 이루어지고 있는지 탐색할 수 있다.

특정 수준에서 변화가 더 이상 효과가 없을 때는 사람의 생각을 더 높은 수준으로 끌어올려야 한다. 사례 제공자에게 도움주는 질문을 하면 사례에 대해 토론하는 동안 성찰하고 통찰력을 얻는 데 도움이 된다. 성찰은 다양한 학습 수준과 관련될 수 있다. 또한 더 높은 수준에서의 통찰과 새로운 행동 방식을 목표로 하는데 이들이 모든 하위 수준에 더 큰 영향을 미치기 때문이다.

베이트슨과 딜츠의 6단계는 학습의 인지적 측면에: 나는 무엇을 하고 있는가, 나는 무엇을 할 수 있는가?을 목표로 하면서도 자신에 대한 성찰에: 신념과 정체성도 강조한다는 점에서 고무적이다. 각 단계를 최대한 활용하면 실제 행동과 규범, 가치, 개인적 정체성 사이의 연관성을 파악할 수 있다. '나는 무엇을 할 수 있는가'라는 질문역량에는 두 가지 대답이 나온다. '나는 원하는 행동을 보여줄 수 있는 기술과 역량을 갖추고 있는가'와 '나의 신념과 가치관이 그 행동을 보여주고 싶게 만드는가'영성라는 질문이 그것이다.

사례 제공자는 그들의 접근 방식을 탐구하고 그들의 행동 이면에 있는 가정과 신념을 발견한다. 이러한 방식으로 일하면서 그들은 개인적으로 그들에 대한 관점을 얻고, 이 새로운 방법을 적용함으로써 실험할 수 있는 대안적인 행동을 탐색할 수 있다.

성찰적 학습과 행동 – 도널드 숀(Donald Schön)

도널드 숀은 『성찰 실천가 The Reflective Practitioner』 1984에서 전문성을 성찰적 학습과 연결시킨다. 이 학습 방식을 통해 무의식적 지식을 인식하고 경험을 통해 배울 수 있는 것을 인식할 수 있다.

숀은 성찰을 지속적인 과정, 즉 전문가가 주변 환경 및 문제와 끊임없이 대화하는 것으로 본다. 숀은 행동하면서 생각하는 이러한 반복적인 사고의 과정을 '행동하는 성찰'이라고 부른다. 이는 전문가가 표준적인 질문이나 해결책을 가지고 일하는 게 아니라 종종 복잡한 상황을 다루기 때문에 필수적이다. 이 방법을 통해 전문가는 실용적인 연구자가 된다. 그들은 자신이 알고 있는 것을 성찰하고 이 지식을 독특한 직업적 상황에 적용한다. 전문가는 시험해보고, 실험하고, 평가하고, 다른 사람들과 토론하며 어떻게 행동하고 어떤 결과가 나왔는지 알아낸다. 이를 통해 새로운 상황에서 사용할 수 있는 지식, 통찰력, 질문을 얻게 된다.

숀은 또한 과거를 회고하며 일어나는 두 가지 다른 형태의 성찰을 구분한다. '행동하면서 성찰하기'와 '행동하면서 행동에 대해 성찰하기'이 그것이다:

- '행동하면서 성찰하기 reflection in action': 행동이 일어난 순간 그 행동을 성찰하고, 그 다음 행동을 개선하는 것이 목표이다.
- '행동에 대해 성찰하기 reflection on action': 행동이 발생한 후 이를 분석하고 통찰을 얻어 향후 행동을 개선할 수 있도록 하는 것이 목표이다.

- '행동하면서 행동에 대해 성찰하기reflection on action in action': 모든 행동에는 성찰이 뒤따르고, 모든 성찰에는 행동이 뒤따르는 식이다.

인터비전은 **행동에 대해** 성찰한다.reflect on action 도전이 되는 것은 제안된 행동을 실제 **행동으로**in action 전환시키고 그 결과로서 행동하면서 행동에 대해on action in action 성찰하게 하여, 학습이 자동으로 진행됨을 자각하게 만드는 것이다. 인터비전에서 사례 제공자는 **진행중인**in action 새 행동을 의식적으로 실험하고 즉시 이에 대해 성찰하기 위해 자신이 수립한 행동들에 의해 도전을 받는다. 이러한 성찰은 새로운 행동 실험으로 이어질 수 있다. 궁극적으로 새로운 행동이 채택되어 사례 제공자의 전문성의 일부가 된다.

단일, 이중 및 삼중 순환(loop) 학습 – 아지리스(Argyris)와 숀(Schön)

우리는 지속적인 변화를 만들기 위해 단일, 이중, 삼중 순환 학습에서 얻은 통찰력을 사용한다. 이를 통해 학습이 어떻게 작동하는지, 어떻게 더 깊고 오래 지속되는 형태의 학습으로 발전할 수 있는지에 대한 적절한 이해를 얻을 수 있다. 아지리스와 숀은 그들의 저서 『조직 학습Organizational Learning1978』에서 단일 순환 학습을 비기능적 행동을 교정하는 방법으로 볼 수 있다고 말한다.

비기능적 행동의 기저에는 규범이 있다. 그러나 규범은 알려진 문제를 다루는 **단일 순환 학습**에서는 명시적으로 만들어지거나 조정되

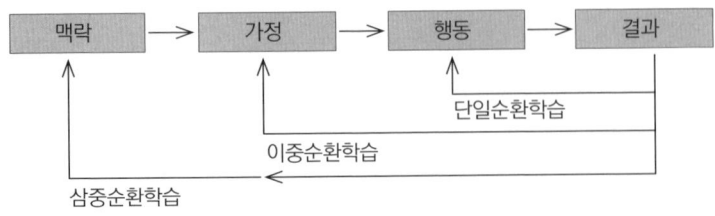

〈표 3〉 단일, 이중 및 삼중 순환 학습(쏠스텐Thorsten의 위키Wiki)

지 않는다. 문제의 실제 원인을 파악하지 못한다. 정신 모델을 바꾸지 않으며 근본적인 규범과 패턴에 대해 생각하지 않는다.

이중 순환 학습에서 가정은 끊임없이 논의되고 수정될 수 있다. 피드백을 통해 과거에 어떻게 행동했는지 살펴볼 수 있다. 무엇을 고려했고, 무엇이 잘 되었으며, 개선할 수 있었던 점은 무엇이었나? 학습할 때 그 근저에 있는 구조와 가치를 찾는다. 모든 것을 다시 생각하고 꼼꼼히 검토한다. 여기서는 학습에 더 많은 시간이 걸린다.

자기 지식을 얻기 위해서는 **이중 순환 학습**이 필요하다. 아지리스와 숀에 따르면 사람들이 하고 싶다고 말하는 것과 실제로 하는 것 사이에는 차이가 있다고 한다. 이중 순환 학습에서는 이 격차에 주목하는데, 이는 과거와 미래를 끊임없이 전환하면서 그 역할을 할 수 있는 개인이 참여하기 때문이다. 건설적인 질문을 하는 것은 누군가가 관점을 얻는 데 도움이 되며, 이는 결국 변화를 만드는 데 도움이 된다.

삼중 순환 학습은 아지리스와 숀의 아이디어에서 영감을 받았다. 이 세 번째 방법은 '더 높은' 또는 '더 깊은' 형태의 학습으로 설명된다. 여기서는 변화와 발전에 관해 말한다. 우리는 우리가 생각하는 것에 대해, 우리가 하는 일과 관련된 가치와 동기에 대해 끊임없이 성찰한다. 여기에는 우리가 고수하는 원칙이 핵심이다. 우리는 원칙을 변화시키기 위해 그 원칙을 인식해야 한다. 즉, 통찰력을 얻는 과정에서 다른 사람들과의 상호작용을 통해 학습함으로써 변화할 수 있다. 자신의 사고와 행동 방식을 성찰함으로써 자신의 패턴을 인식하게 된다.

학습은 삼중 순환 학습 수준에서 자동으로 일어나지는 않는다. 의식적으로 노력해야 개발 측면에서 변화를 일으킬 수 있다. 이는 영구적인 변화로 이어진다.

인터비전이 자신의 전문성 개발에 어떻게 기여했는지에 대한 네델란드 참가자들의 관찰 결과는 다음과 같다.

- 다양한 관점에서 자신만의 방식으로 일하는 방식을 비판적으로 바라보는 법을 배운다.
- 자신의 견해를 드러내고 이를 통해 업무 방식에 영향을 줄 수 있다.
- 문제an issue를 바라보는 방식을 바꾸기 위해 초점을 이동하여 재구조화reframe할 수 있다. 부정적인 부분에 초점을 맞추면 어려워지고, 긍정적인 부분에 초점을 맞추면 해결책이 분명해진다.
- 다른 사람들이 똑같은 잘못을 저지르는 것을 볼 때, 전문적으로 안심할 수 있고 대안을 찾을 수 있도록 도와준다.

3장 • 인터비전, 개인 및 조직 개발

전문성 개발

　전문성 개발이란 고객과 자신을 위해 자신의 분야에서 끊임없이 개선하고자 노력하는 것을 의미한다. 여러분의 개인적인 특성과 자질은 성과에 영향을 미친다. 여러분의 견해, 가치관, 동기는 전문 업무 수행의 질적 측면과 관련하여 중요하다. 직장에서 전문가는 '내가 왜 이 일을 하고 있지, 왜 또 다시 같은 자리에 머물게 되었지? 내가 성취하고 싶은 것을 이루기 위해 내가 그밖에 할 수 있는 일은 무엇일까?' 궁금해하는 상황에 처할 수 있다.

　인터비전은 자신의 업무를, 그리고 사안에 대한 접근 방식을 비판적으로 바라볼 수 있는 통찰력을 제공한다. 익숙한 문제를 해결하는 방법뿐만 아니라 그 전까지는 몰랐던 문제도 배울 수 있다. 새로운 문제와 질문으로 이어질 수 있는 가정을 인식하게 된다. 이런 식으로 자신의 성과에 적극적으로 영향을 미칠 수 있다. 조하리 창Johari Window과 매슬로우Maslow의 학습 단계는 사람들이 소통하고 학습하는 방식에 대한 통찰력을 얻는 데 중요한 도구이다. 이 부분은 인터비전이 개인 개발에 가져올 수 있는 결과로 마무리한다.

⟨표 4⟩ 조하리 창

	자신에게 알려짐	자신에게 알려지지 않음
타인에게 알려짐	열린 공간 (open space)	사각지대 (blind spot)
타인에게 알려지지 않음	감춰진 영역 (Hidden area)	미지의 영역 (Unknown area)

조하리 창

조하리 창은 사람들의 의사소통을 돕는 모델이다. 조셉 루프트 Joseph Luft와 해리 잉햄Harry Ingham이 1955년에 개발한 조하리 창은 자신과 타인 사이의 의사소통 공간을 자신 그리고/또는 상대방에게 알려진 것의 관점에서 설명하는 네 개의 사분면으로 구성되어 있다. 이를 통해 자신의 알려진 공간과 알려지지 않은 공간에 대한 통찰을 얻을 수 있다.

- **열린 공간**은 양쪽 모두에게 알려져 있어 의사소통이 용이하다.
- **사각지대**는 타인들은 알지만 자신은 모르는 지점이다. 예를 들어, 누군가가 임시방편으로 특정 단어를 자주 사용하거나 무의식적으로 특정 행동을 보일 때와 같이 다른 사람에게는 알려져 있지만 자신에게는 알려지지 않은 경우이다. 이 공간은 다른 사람에게 적극적인 피드백을 요청할 때 더 작게 만들 수 있다.
- 사람들은 **감춰진 영역**을 다른 사람들로부터 의식적으로 숨

긴다. 예를 들어, 사적인 문제에 대해 그러하고 뿐만 아니라 특정 자질과 같이 다른 사람들이 알지 못하는 자신의 측면에 대해서도 그러하다. 이러한 부분은 서로 대화를 통해 드러낼 수 있다.
- **미지의 영역**은 자신과 타인 모두에게 알려지지 않았기 때문에 아직 소통의 대상이 아니다. 여기서 알려지지 않은 숨겨진 재능을 발견할 수도 있다.

인터비전은 사각지대를 좁히거나 질문을 통해 미지의 영역을 파악하는 등 공간의 경계를 허무는 데 도움을 줄 수 있다. 또한 미지의 영역에 숨겨진 재능을 끌어낼 수도 있다.

매슬로우(Maslow)의 학습 4단계

자신이 하고 있는 일, 자신의 역할, 그리고/또는 특정 상황에 처하게 된 이유에 대해 정기적으로 집중하면 변화를 이룰 이유를 찾는 데 도움이 된다. 전문가는 자신의 질문에 답하고 더 나은 다양한 업무 방식을 비판적으로 바라보는 방법을 배움으로써 인터비전을 통해 얻은 통찰력을 활용한다. 이를 통해 성과에 대해 이전보다 더 많은 영향력을 발휘할 수 있다.

사실, 전문가로서 여러분은 매슬로우가 학습 단계에서 말한 것처럼 '무의식적으로 무능한 상태'에서 '무의식적으로 유능한 상태'로 나아가는 과정에서 인터비전에서 얻은 통찰력을 자신에게 적극적으로 적용하려고 노력한다.

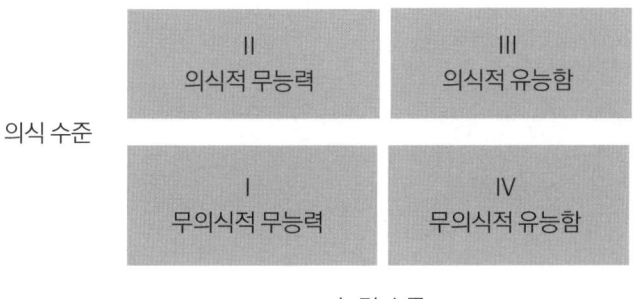

〈표 5〉 무의식적 무능력에서 무의식적 유능함으로의 경로
(출처: 매슬로우Maslow, 1954)

이 경로를 통해 새로운 행동이 자연스러워질 때까지 배우고 연습하고 내면화할 수 있다. 〈표 5〉 참조

인터비전에서 사용되는 건설적인 질문은 사례 제공자가 무의식적으로 무능한 단계에서 의식적으로 무능한 단계로 나아가는 데 도움이 된다. 의식적으로 유능한 단계에서 무의식적으로 유능한 단계로 넘어가는 단계는 수행하기로 결심한 행동과 그 새로운 행동이 얼마나 지속 가능한지에 따라 완성된다. 이 모델은 전문가가 새로운 기술이나 역량을 배우는 네 단계를 어떻게 밟아나가는지를 시각화해준다.

첫 번째 단계는 **무의식적 무능력**이다. 전문가가 생각 패턴이나 그 영향에 대해 인식하지 못한다. 자신의 행동을 인식하게 될 때, 이를 바꿀 수 있다.

두 번째 단계는 **의식적 무능력**이다. 여기서 전문가는 부족함을 인식하고 있지만 이를 해결할 효과적인 방법을 아직 찾지 못했다. 자신이 무엇을 하고 있는지 알고 있고, 통찰력은 있지만 아직 실질적인 변화를 만들어낼 수 있는 행동에 대한 통찰에 이르지 못했다.

세 번째 단계는 **의식적 유능함**이다. 전문가는 변화를 구현하고 새로운 행동을 실험하는 방법을 알고 있다.

네 번째 단계는 **무의식적 유능함**이다. 전문가는 이제 새로운 행동에 익숙해져 그것이 제 2의 본능이 되었다. 이러한 행동은 효과적이며, 전문적으로 계속 성장할 수 있는 이유가 된다.

전문가에 대한 인터비전 결과

전문가가 인터비전을 활용하고자 하는 이유는 다음과 같다.
- 직장에서 자신의 역할과 행동에 대한 통찰을 얻을 수 있다.
- 스타일이나 전략을 검토한다.
- 특정 역량을 개발한다.
- 실험해볼 수 있는 공간을 갖는다
- 개인적으로 성장한다.

인터비전을 사용하면 다음을 달성할 수 있다:
- 사례 제공자가 행동을 포함한 구체적인 교훈을 정리한다.
- 사례제공자는 자신의 행동과 학습 방법, 전제와 사고를 위한 통찰을 얻어서 자신의 전문적인 실행에서 좀 더 효능감을 가질 수 있게 된다.
- 사례 제공자가 사안에 대해 논의하는 것에 대해 가치를 높이 평가한다.
- 참여자들은 다른 (작업) 영역에서도 유용한 건설적인 질문을 하는 방법을 배우게 된다,
- 참가자는 다른 사람들의 사례 추론을 통해 배우게 된다.
- 진행자는 방법 레퍼토리를 확장한다.
- 진행자는 그룹의 역동적 프로세스를 실행시킨다.

조직 개발

기업은 기업 전략과 목표에 적극적으로 기여하는 직원을 좋아한다. 이러한 능동적인 직원은 시장 변화를 예측할 수 있게 하고, 그 기업은 고객에게 매력적인 기업으로 남을 수 있다. 기업이 선두를 유지하려면 기업의 방향, 전략 및 구체적인 목표에 집중하고 설명하는 것이 바람직하다. 경영진이 시행하고자 하는 모든 조정과 혁신은 업무 현장에 명확히 전달되어야 효과를 발휘할 수 있다. 팀과 직원 개개인이 모두 닥쳐올 변화가 자신의 업무에서 무엇을 뜻하는지, 그리고 무엇이 기대되는지 이해할 수 있어야 한다. 인터비전은 이를 실현하는 데 사용할 수 있는 도구 중 하나이다. 다음에서는 팀과 조직에서 인터비전을 통해 달성할 수 있는 성과를 구분하여 설명한다.

팀 안에서의 인터비전

점점 더 많은 조직이 임시 프로젝트 팀과 작업하고 있다. 팀원들이 팀을 바꾸거나 동시에 다른 팀에 속해 있지만 모두 같은 조직에 속해 있다. 팀 리더가 항상 팀원들의 위계적 관리자가 되는 것은 아니다. 팀원들이 서로를 잘 아는 경우도 있고, 처음 보는 팀원도 있을 수 있다. 팀은 일반적으로 빠르게 시작해야 하며 즉시 실행하고 성과를 내야 한다.

팀원들은 서로의 인식과 전문성에 상당한 영향을 미친다. 집단적으로 결정되는 팀 접근 방식, 업무 프로세스의 구성, 중간 평가, 서로의 성과에 대한 상호 반응은 모두 팀원들의 성과와 자아상에 영향을 미친다. 일반적으로 팀은 최적의 협력이 이루어지기 전에 발달 과정을 거친다. '어떻게 협력해야 하는지, 어떤 선택을 해야 하는지, 갈등은 어떻게 처리해야 하는지, 모든 사람이 충분한 정보를 가지고 있는지, 팀 내 안전은 보장되는지, 팀에 어떤 역량이 있고 어떤 역량을 개발해야 하는지' 등 모든 종류의 문제가 그룹에 나타날 수 있다. 이 모든 것을 고려할 시간이 없는 경우가 많다. 팀은 빠르게 생산성을 높여야 하며 '우리는 모두 전문가다'라는 원칙이 이러한 질문을 피해갈 수도 있다. 특정 상황에서는 저항이 생길 수 있다. 다른 팀원과의 협력이 제대로 이루어지지 않거나 팀원이 선택한 팀 접근 방식에 문제가 있을 수 있다. 그러면 '왜 이것이 저항으로 이어지는가, 문제에서 내 역할은 무엇인가, 긍정적인 기여를 하기 위해 어떻게 다르게 행동할 수 있는가'라는 전문적인 질문이 생긴다.

이러한 성찰적인 질문은 인터비전을 위한 좋은 이유가 될 수 있다. 개별 참가자와 팀 모두 이러한 '사례 질문'에 대해 토론함으로써 자신을 더욱 전문화할 수 있으며, 가능하다면 팀원 간의 거리감을 극복할 수 있다. 이를 통해 상호 이해의 여지를 만들어 상호 협력의 효과를 높이고 궁극적으로 팀의 성과를 높일 수 있다.

좋은 협력은 결과와 조직에 긍정적인 영향을 미친다. 인터비전은 제출된 사례 연구에서 협력 관계를 파악하고 팀의 성과를 분석하여 이에 기여한다. 사례를 제공한 당사자는 사례를 제공한 당사자이기 때문에 중심에 서게 된다. 팀원들은 사례에 대해 토론하면서 자신과 서로의 자질을 인식하는 법을 배운다. 여기서 얻은 통찰력은 상호 성공의 토대를 형성하는 데 사용된다. 속도, 개성, 효과성, 효율성이 중요할 때 서로 배우고 상대로부터 배우는 시간을 갖는 것은 매우 중요하다. 자신과 협력 요인에 대해 성찰하는 것은 팀의 성공에 가치를 더할 것이다.

팀에 대한 인터비전 결과

팀은 전문화를 위해 인터비전을 사용하면서 다음을 목표로 한다.
- 각 참가자의 향상을 지원하기
- 피드백 주는 법 배우기
- 성공적으로 협력하기
- 작업 방식 공유하기
- 개인 및 팀의 성과 향상시키기

인터비전을 통해 팀은 다음과 같은 목표를 달성할 수 있다.
- 멤버들은 서로의 자질을 알게 되고, 적극적으로 서로에게 집중하고 지원하게 된다.
- 구성원들이 서로의 성공을 이루기 위해 접근 방식, 작업 방법, 경험을 공유한다.
- 팀원들이 팀의 일원으로서 서로의 발전을 위해 적극적으로 돕는다.
- 멤버들은 피드백 주는 것을 당연하게 여기고 협력의 핵심적인 부분으로 여긴다.
- 팀 방식이 변화하여 성공이 지속 가능하게 된다;
- 팀이 더 낫고 효율적인 방식으로 협력하기 때문에 더 성공할 수 있다.

인터비전 및 조직 목표

조직은 환경의 변화에 끊임없이 적응한다. 고객과 시장과 함께 앞서 나아가기 위해 전략과 업무 방식을 조정한다. 직원들은 현재 상황에서 원하는 상황으로 이동한다. 이러한 바람직한 상황은 종종 기업의 사명 선언문, 비전 또는 전략적 목표에 설명되어 있다. 직원들은 자기 자신과 자신의 업무 방식을 성찰하고 변화를 수용함으로써 이러한 목표에 기여할 수 있다. 이러한 개방적인 태도는 조직의 새로운 바람직한 문화, 커뮤니케이션 패턴, 내부 리더십 등에 긍정적인 영향을 미칠 수 있다.

인터비전은 직원들이 제공한 추론을 달성해야 하는 조직 목표와 연결함으로써 변화에 효과적으로 기여할 수 있다. 예를 들어, '어떻게 하면 고객 지향적인 방식으로 일할 수 있을까, 어떻게 하면 제품군 리뉴얼을 관리할 수 있을까, 어떻게 하면 전문적으로 성장하고 내 직무에서 더 큰 책임감을 가질 수 있을까' 등이 있다. 인터비전에서는 직원들이 각자의 아이디어와 견해를 서로 공유하고 조직이 이 분야에서 달성하고자 하는 목표와 연결하는 식으로 사안을 조사한다. 사례 토론을 하는 동안 참가자들은 이 사안을 자신의 직무와 업무 방식에 적용하여 모두에게 의미 있는 결과를 도출할 수 있다.

인터비전을 사용한다는 것은 직원 개개인의 자질과 가능성을 파악하여 회사 문화와 기업 목표에 더 잘 맞도록 노력하는 것을 의미한다. 인터비전은 설정된 기업 비전과 목표를 바람직한 직원 행동으로 전환할 수 있다. 직원 그룹이 하나 또는 다른 인터비전 방법을 사용하여 업무에 관한 특정 문제에 대해 아이디어를 교환하면 그룹과 조직에 영향을 미칠 수 있다.

인터비전을 통해서:
- 고용주의 직업관 및 업무 방법론예: 전략 문서 또는 윤리 강령에 명시된 대로과 업무에 대한 자신의 개인적인 견해'내가 옳은 일을 하고 있

는가? 정확히 어떻게 하고 있는가?' 사이의 관계에 대한 통찰력을 얻을 수 있다.
- 업무 상황에서 동료의 행동에 대한 피드백을 제공함으로써 동료가 통찰력을 얻도록 도울 수 있다.

이를 통해 직원들은 조직의 목표에 효과적으로 기여하고 필요한 경우 이를 강조하는 방법을 배울 수 있다.

사례 기반 추론

인터비전 세션에서 제공되는 사례 기반 추론은 조직의 개발 초점 및/또는 전략과 관련이 있다. 그것이 다음과 같은 것들을 다룰 수 있다:

- **조직의 변화를 목표로 한 이슈.** 핵심은 조직이 달성해야 할 변화와 이를 직원의 업무 상황에 적용하는 것일 수 있다. 예: '우리 조직이 이 분야에서 최고가 되려면 나는 무엇을 할 수 있을까?'
- **핵심 가치를 목표로 하는 이슈.** 경영진은 광범위하게 도입해서 직원 행동에 반영되기를 바라는 특정 핵심 가치를 공식화할 수 있다. 예: '우리는 고객 집중에 탁월하다.' 추론: '우리 회사가 핵심 가치에 있어 최고가 되기 위해 나는 무엇을 할 수 있을까?' 인터비전에서 사례 기반 추론은 조직의 핵심 가치와 관련있는 상황을 포함한다. 추론과 현재 이슈가 함께 고려되므로 조직에 중요한 주제가 다루어질 수 있다.

- **고객을 향한 이슈**. 불만 사항이나 조직이 제공하고자 하는 서비스를 다루는 것이 핵심일 수 있다. 인터비전 그룹은 동료가 질문에 대한 가능한 접근 방식을 생각하도록 도와줌으로써 동료를 지원한다. 그룹은 주제에 대한 공유된 견해를 갖게 된다.
- **윤리 강령에 대한 이슈**. 핵심은 일상적인 업무에서 사용되는 직업적 견해, 규범 또는 공식적인 윤리 강령이나 직원들이 직면할 수 있는 딜레마일 수 있다. 예를 들어, '고객의 눈에 직업적 객관성을 잃게 만드는 요인은 무엇인가요?' 직원은 인터비전을 통해 동료들과 일상적인 경험에 대해 이야기하고 대안을 생각해 볼 수 있다. 이를 통해 일상 업무에서 중요한 새로운 통찰을 얻을 수 있다.
- **윤리 원칙을 준수하는 데 중점을 둔다**. 이러한 원칙은 종종 공식 윤리 강령에 명시되어 있다. 인터비전을 사용하면 제출된 사례 기반 추론을 강령 기준과 비교할 수 있다. 회사에 중요한 가치와 실행해야 하는 기능들이 적절하게 개인적 역량으로 번역될 수 있다. 업무 상황에 대한 추론과 주어진 한계 내에서 어떻게 움직여야 하는지 논의함으로써 개발을 보호하는 방법을 결정할 수 있다. 인터비전은 '사례 제공자가 어떤 행동을 개발하고 유지하기를 원하는가'와 같은 질문을 다룬다. 모든 참가자는 서로의 역량 개발과 조직 전체에 기여한다.
- **문화적 측면에 목표를 둔 이슈**. 인터비전은 문화적 이슈에 사용할 수 있다. 집중적으로 때로는 국제적으로 협업하는 기업들은 서로 다른 업무 방식, 의사소통 형태, 기타 의사 결정 과정 등 고유한 기업 문화를 가지고 있다. 많은 측면에서 '다른' 회사는 정말 '다른' 회

사로 보일 것이다. 종종 이것은 공개적으로 논의되는 것이 아니라 '그들'에 대한 '우리'의 관점에서 논의되지만, 바로 이런 상황에서 상대방이 어떻게 '작동'하는지를 탐구함으로써 많은 것을 얻을 수 있다. 인터비전은 사례 기반의 토론을 통해 다양한 문화적 배경과 일하는 방식을 개방함으로써 참가자들이 원하는 변화를 위해 협력하고 함께 공동의 문화를 구축할 수 있도록 가르친다.

조직에 대한 인터비전의 결과

조직이 인터비전에 원하는 것은
- 조직 목표에 기여하기
- 변화를 실현하기
- 윤리강령, 문화적 측면 또는 기타 중요한 기업 가치에 대해 논의하기
- 핵심가치를 디자인하기
- 집단 학습 자극하기.

조직은 인터비전을 통해 다음과 같은 목표를 달성할 수 있다.
- 변경 사항을 신속하고 공개적으로 구현할 수 있는 개방성(투명성)
- 문제를 신속하고 적절하게 해결하는 학습 문화를 조성
- 모든 사람이 자신의 성공과 팀과 조직의 성공을 위해 노력할 수 있도록 학습에 기여하는 적극적인 학습 태도
- 윤리강령에 대한 공유된 비전을 개발하기 위한 노력
- 직원들이 보다 더 효율적이기 때문에 더 높은 보상 얻기

누구나 통찰력과 어떤 일에 대한 개요를 얻고 문제를 파악하여 자신을 발전시키기를 원한다. 자신만의 과정을 밟고 있지만 인터비전을 통해 다른 사람에게서 배우기도 한다. 사람은 모두, 때로는 충돌하는 이해관계를 다루는 돈키호테처럼 혼자 일하기 때문에 비슷한 마음이 된다. 항상 과제를 수행하거나 소란스럽고 시끄러운 환경에 처해 있기도 한다. 인터비전을 통해 이해와 인식, 성찰이 전문가답게 발전하는 데 도움이 된다는 것을 알게 될 것이다.

– 인터비전 그룹, 참가자

4장 • 인터비전 요약

'인터비전 요약'은 한마디로 프로세스의 핵심이다. 확실히 해야 할 일과 피해야 할 일은 무엇일까? 이러한 검토는 모든 인터비전 세션에서 유용한 참고자료가 될 수 있다.

인터비전이란 무엇인가?

인터비전에서는 전문가 그룹이 사례 제공자가 제기한 사안에 대해 체계적으로 논의한다. 사례 제공자에게 도움주는 질문을 함으로써 자신의 사례에 대한 통찰력을 얻고 문제를 처리할 수 있는 새로운 방법과 그에 따른 조치를 찾는 데 도움이 되게 한다. 진행자가 이 과정을 지휘한다. 인터비전 그룹은 5명에서 8명으로 구성된다.

인터비전의 단계

1. **사례 단계:** 구체적. 구체적인 사안에 초점을 맞춘 토론이다. 어떤 것이 더 효과적일까?
2. **특징적 행동 단계:** 접근 방식. 이 특정 상황에서 사례 제공자의 행동에 초점을 맞춰 토론한다. 그들의 전형적인 스타일과 작업 방식은 무엇이며 그 이유는 무엇인가?
3. **관점 단계:** 숨겨진 동인. 사례 제공자의 개인적, 직업적 관점견해

에 초점을 맞추어 토론한다. 그들의 근본적인 가치와 견해는 무엇인가?

소개 모임

• 소개 모임에서 인터비전 그룹의 기능에 대한 다음과 같은 합의가 이루어진다.
- 보안 및 기밀 유지와 같은 제한범위
- 열린 태도
- 과감하게 건설적이고 열린 질문 던지기
- 서로의 질문을 존중하기
- 인터비전 방법의 사용 및 프로세스에 대한 주목하기
- 역할분담
- 계약맺기
- 기술
- 함정들
- 성찰

준비

• 사례 제공자는 이 사례에서 자신의 역할에 집중하여 사례와 사례 질문을 몇 문장으로 준비한다.

• 진행자와 사례 제공자가 어떤 인터비전 방법을 사용할지 논의한다. 선택은 다음에 따라 달라진다.
- 사례

- 사례 질문
- 진행자의 인터비전에 대한 일반적인 경험과 특정 방법에 대한 경험
- 그룹의 규모와 그룹의 경험
- 계획된 기간 및 사용 가능한 자원

• 사례 제공자는 참가자들에게 사례와 사례 질문, 인터비전 방법에 대해 미리 알려 준다.

인터비전 세션

인터비전 세션 소개 모임에서 그룹은 그룹의 성과에 대한 합의를 도출한다

- 보안 및 그룹 기밀 유지와 같은 전제 조건
- 개방성
- 개방적이고 건설적인 질문을 하는 것을 두려워하지 않기
- 서로에 대해, 서로의 질문에 대해 존중하기
- 인터비전 방법의 사용 및 프로세스에 대한 집중
- 역할 분담
- 계약맺기
- 기술
- 함정
- 성찰

인터비전의 방법론적 단계
- **사전**
  - 0단계. 사례질문 및 방법의 준비.
- **인터비전 세션 중**
  - 시작: 먼저 지난번 사례에 대한 피드백을 제공하기.
  - 1단계. 사례 제공자가 사례 회의에서 자신의 역할을 이미지로 전달한다.
  - 2단계. 사례 제공자의 업무 스타일 및 배경 분석숨은 동인
  - 3단계. 사례 제공자는 사례 토론을 통해 얻은 통찰을 나열한다.
  - 4단계. 사례 제공자가 새로운 작업 방법 또는 행동실행 계획을 수립한다.
  - 5단계. 인터비전 세션에 대한 성찰하기.

인터비전의 함정
- 사례 제공자에게 도움이 되지 않는 질문을 할 수도 있다.
- 우리가 '너무 잘 알기 때문에' 라는 식의 자신만의 의견을 제시할 수도 있다.
- 자신의 지식을 뽐내는 질문을 함으로써 '장기자랑'의 덫에 걸릴 수 있다.
- 사례를 분석하는 대신 사례 제공자의 심리를 분석할 수도 있다.
- 방법에서 다양성을 배제할 가능성도 있다.
- 준비에 집중하거나 재미있게 놀면서 진짜 문제를 피할 수도 있다.

- 침묵의 힘사례 제공자가 직접 답변을 제공할 때까지 기다림을 사용하지 않을 수도 있다.
- 진행자는 또 다른 참가자가 되어 세션을 주도하는 데 집중하지 못하는 상황이 있을 수도 있다.

인터비전 그룹에 적절한 입장들
- 사례 제공자, 사례 질문 및 문제 행동이 중심이지 사례 자체가 중심이 아니다.
- 해결책을 제시하는 것이 아니라 사례 제공자가 통찰을 얻을 수 있도록 돕는 데 집중하라.
- 건설적인 질문을 하고 암묵적인 판단을 피하라.
- 사례 제공자가 자신의 숨겨진 동인을 발견하고 그 동인들을 더 명확하게 볼 수 있도록 도우라.
- 모든 사람이 적극적으로 참여해야 한다무임승차자 없음.
- 비언어적 신호에 주의를 기울여라.
- '우리가 올바른 방향으로 가고 있는지' 자주 확인하라.
- 업무 중단/긴급한 사안을 항상 최우선으로 다루도록 해라.

인터비전 세션에 대한 통찰
- 사례 제공자는 어떤 통찰을 얻었으며 이제 무엇을 할까?
- 참가자들은 어떤 통찰을 얻었으며 이제 무엇을 할까?
- 인터비전 방식이 프로세스에 어떤 기여를 했나요?
- 진행자는 어떤 도움을 주었는가?

5장 • 인터비전 프로세스의 단계

모든 사례 토론은 선택한 인터비전 방법의 특성에 따라 달라지는 과정을 거친다. 이 방법은 토론의 초점과 구조 및 결과를 보장하며 여러 단계로 진행된다. 각 단계는 모든 방법에서 어떤 식으로든 진행된다. 모든 모임은 준비 단계가 선행되고 성찰 단계로 마무리된다. 성찰 단계에서는 참가자, 진행자, 사례 제공자가 모임 결과에 대한 의견을 나눈다. 모든 인터비전 방법에는 많은 단계들이 포함되어 있으며, 각 세션은 이전 사례 토론에 대한 검토로 시작된다.

〈표 6〉 인터비전 프로세스 단계

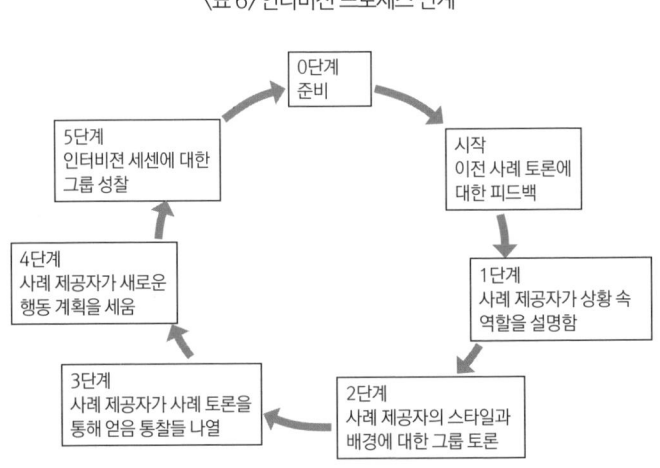

0 단계: 사례 (질문) 와 방법의 준비

이 단계에서는 두 가지 활동이 진행된다.

1. 진행자와 사례 제공자가 사례 개요/ 사례 질문에 대해 논의한다:
   - 사례 제공자는 A4 용지 반쪽면최대치에 질문을 준비한다. 자기 자신에 대한 것임을 강조한다.
   - 이들은 함께 어떤 인터비전 방법을 사용할지, 어떤 준비가 필요한지 결정한다. 방법의 선택은 다음에 달려 있다:
     - 사례
     - 사례 제공자의 질문
     - 진행자의 일반적인 경험과 방법에 대한 경험
     - 그룹의 규모와 경험
     - 사용가능한 시간과 자원
2. 방법 선택 후, 사례 제공자는 사례와 사례 질문을 작성하고, 어떤 인터비전 방법을 선택했는지 추가하여 이 정보를 참가자들에게 보낸다.

사례

사례 제공자는 사전에 사례를 작성한다. 사례는 최근에 발생했거나 가까운 미래에 발생할 상황으로, 사례 제공자가 적극적인 역할을 했거나 할 예정인 상황이다. 사례 설명은 그 상황에서의 자신의 역할에 초점을 맞추고, 일어난 일에 관한 사실, 사례에 대한 느낌과 의견을 포함한다. 인터비전 토론을 통해 달성하고자 하는 바를 명시한다.

예를 들어, 다음의 질문에 답한다:

- 문제의 본질은 무엇인가요?
- 나는 무엇을 이루고 싶었나요?
- 나는 무엇을 했나요?
- 사례를 논함으로써 무엇을 달성하고 싶은가요?

'내 질문은…입니다' 라고 사례 질문을 작성함으로써 마무리한다.

사례 제공자는 사례를 몇 문장으로 적는다. 설명은 길지 않아도 된다. 글쓰기 연습은 미리 상황에 대해 생각하게 해 준다. 이미 알고 있는 내용을 포함해서 관련 없는 세부사항은 반드시 빼야 한다. 질문과 상황 속 자신의 역할에 초점을 맞춘다. 사례 진행자는 진행자와 사례에 대해 간략하게 논의하고, 진행자는 사례 질문이 명확하게 그리고 개인적으로 진술되어 있는지 확인한다. 방법이 달리 명시하지 않는 한, 사례 제공자는 다른 참가자들에게 미리 사례 설명지를 보낸다.

이전 사례 토론에 대한 피드백

인터비전은 그룹 구성원들이 관련 사례에 대한 생각을 공유하고 이러한 공유가 더 긴 학습과정에서도 계속될 수 있기 때문에 그룹 구성원간에 더 긴밀한 직업적 유대감을 조성해 줄 수 있다. 종종 보충 세션으로 시작하기도 하는데, 이 세션에서는 자신의 업무를 뒤로 미뤄두기도 한다. 명상 실습이 도움이 될 수 있다.

처음에 사례 제공자는 성찰을 바탕으로, 지난 모임에서 자신의 사례에 대해 논의한 내용과 이어 취한 조치를 돌아보도록 요청받는다.

- 그들은 무엇을 했나요?
- 무슨 일이 있었나요?
- 어떻게 해결되었나요?
- 추가로 무엇을 배웠나요?
- 지금 어떤 질문이 있나요?

1 단계: 사례 제공자가 상황에서 자신의 역할 설명하기

사례 토론을 시작할 때 진행자는 이 세션에서 적용될 방법을 빠르게 검토한다. 참가자들은 사전에 이를 검토할 수 있다. 사례 제공자는 사례를 간단히 설명하고 각자의 역할과 문제에 대한 정보를 제공한다. 참가자들은 사실적 관찰, 의식적 경험, 그리고 이 특정 상황에서 전문가로서 어떻게 행동했는지에 대해 이야기 나눈다. 여기에는 각자의 생각과 행동, 감정도 포함된다.

다음으로, 참가자들은 역할과 행동을 명확히 하고 정의할 수 있도록 사례 제공자에게 상황을 더 자세히 설명해 주기를 요청한다. 이는 참가자들의 건설적인 질문을 통해 이루어지고, 사례 제공자는 자신의 행동, 관찰 방법, 판단 및 행동에 대한 이미지를 형성하고, 사례 질문을 구체화할 수 있게 된다. 초점은 사례 제공자의 행동에 있지, 사례의 내용에 있지 않다.

이 단계에서는 사례 제공자가 상황에서의 자신의 역할에 대한 그림을 그린다. 참가자들의 질문은 이 과정에서 도움이 될 것이다. 참가자들에게 이것은 사례를 이해하는 것에 대한 것이 아니라 사례 제공자가 사례를 탐색하도록 돕고, 사례 제공자의 사고방식에 잘 맞는 종류의 질문을 하는 것에 대한 것이다.

2 단계: 사례 제공자의 스타일과 배경

그룹 참가자 및 사례 제공자은 사례 제공자의 관찰과 생각, 행동의 무의식적 배경을 찾는다.

- 그들의 전문적인 견해는 무엇인가요?
- 그들의 특성적인 스타일은 무엇인가요?
- 이 사례에서 아마 다른 상황에서도 마찬가지로 그들의 견해와 스타일이 문제가 되어왔나요?

참가자들은 사례 제공자가 아직 숨겨져 있지만 사례에 영향을 미칠 수 있는 측면들을 발견하도록 돕는다.

사례 제공자는 자신의 배경 사고를 설명함으로써 자신의 행위, 직업적 행동, 자신의 더 깊은 견해와 가치관과 자질 사이의 새로운 연관성을 발견하게 된다. 그런 다음 참가자들은 숨은 동인이 자신을 통제하도록 허용할 범위를 의식적으로 선택할 수 있다. 참가자들은 사례 제공자가 자신의 통찰을 진술하도록 허용해야 하고, 판단하거나 조언하기, 제안하기를 자제해야 한다.

3 단계: 사례 제공자가 사례 토론을 통해 얻은 통찰을 나열함

이제 사례 제공자는 새로운 통찰을 얻었을 것이다. 자신의 개인적인 견해와 가치관, 자질이 어떻게 자신의 행동을 결정했는지, 그 결과로 문제 상황까지도 결정하게 되었는지 알게 되었을 것이다. 사례 제공자는 이제 자신의 숨은 동인을 인식하고 있고 그것이 어떤 영향을 미치는지 알 수 있다. 또한 이런 배경적 측면을 고려하여 자신의 직업적 행동을 어느 정도까지 조정할지 선택할 수 있다. 그리하여 주어진 업무 상황에서 어떤 행동이 효과적인지 판단할 수 있다.

이 단계에서는 사례 제공자가 자신의 문제를 재구성하고 질문을 조정하는 것이 중요할 수 있다. 참가자들은 사례 제공자가 사례 질문을 재구성하여 자신이 얻은 모든 통찰을 수용할 수 있도록 도와 줄 수 있다. 사례 제공자는 새로운 시각으로 사례를 바라보고 새로운 대안을 찾는다.

4 단계: 사례 제공자가 새로운 행동을 위한 계획을 세움

이제 사례 제공자는 자신이 원하는 행동과 역할을 이전보다 훨씬 더 잘 파악할 수 있다. 앞으로 무엇을 주의해야 하는지, 무엇을 다르게 하고 싶은지, 무엇을 배우고 싶은지와 같은 몇 가지 유용한 학습 포인트를 구성할 수 있다. 그 결과, 사례 제공자는 이제부터 주어진 상황에서 어떤 행동을 취할지 미리 결정할 수 있다. 새로운 업무 방식을 실험해 보고 이 상황에서 어떤 행동을 취하고 싶은지 파악할 수 있다. 참가자들은 질문함으로써 새로운 행동에 대한 아이디어를 형성하도록 돕는다.

사례 제공자는 사례 토론이 끝날 때 성찰 보고서를 쓴다면 학습효과를 더 높일 수 있을 것이다. 보고서에는 자신이 얻은 통찰과 수행한 조치, 그리고 결과가 어떠했는지 명시해야 한다. 또한 사례 토론에서 얻은 통찰을 실제로 얼마나 잘 적용하고 있는지 추적하기 위해 일지를 작성하기 시작할 수도 있다. 사례 제공자가 사례 토론 중에 나온 측면과 후속 조치에 대해 인터비전 그룹의 다른 참가자들과 아이디어를 교환하면 도움이 될 것이다. 한 번 또는 더 자주 해도 좋다.

5 단계: 인터비전 세션에 대한 성찰

인터비전 코스는 여러 그룹 세션으로 이루어져 있다. 각 세션은 성찰 단계로 끝난다. 코스는 인터비전 전 세션에 대한 성찰로 끝난다.

인터비전 세션에 대한 성찰

인터비전 모임의 성찰 단계에서는 다음의 관점이 중요하다:
- **사례**
  - 사례 토론의 결과
  - 사례 제공자와 참가자는 사례로부터 배운 점
- **과정**
  - 학습 도구로서의 사례와 적용 방법의 성공
  - 그룹이 체결한 계약상의 합의도 여기서 다루어질수 있음
- **그룹에서 인터비전 기술 개발하기**
  - 무엇을 배웠고 다음에는 어떤 점에 관심이 있는가?

인터비전 코스에 대한 성찰

인터비전 코스 마칠 때 참가자들은 모임의 전 회기에 대해 성찰한다. 마지막 성찰은 두 개의 관점을 갖는다:

- **더 나갈 수 있는 발전:**
  - 개인과 그룹이 여전히 가지고 있는 질문은 무엇인가?
- **인터비전을 전문화의 도구로 사용하기**
  - 인터비전은 어떻게 팀이나 조직의 전문화에 기여할 수 있는가?

- 성찰에 대해서는 11장에서 상세히 설명한다.

6장 · 전제 조건

인터비전은 때때로 서로 모르는 동료들로 이루어진 그룹과 함께 여러 세션 또는 모임을 진행하는 과정을 포함한다. 진행자의 임무는 사례에 대한 토론이 사례 제공자에게 최고의 결과를 도출해 줄 수 있도록 적절한 학습 환경을 조성하는 것이다. 실습에 따르면 다음의 전제 조건을 고려하는 것이 모임의 성공과 집단 학습에 긍정적으로 기여하며 그룹 내 개방성을 촉진한다.

전제 조건은 크게 두 가지 범주로 구분된다:

1. 진행자의 역할에 해당하는 전제조건들로서, 적절한 학습 환경 보장, 도입 단계의 모임 조직, 인터비전 세션 운영 같은 인터비전에 대한 전문적 안내를 말한다. 진행자는 또한 인터비전 세션에서 일어나는 일을 기록하고, 합의가 충족되었는지 확인하고, 방법 선택을 지원하는 역할을 담당한다. 숙련된 진행자는 전체 과정과 각 인터비전 방법을 지원할 수 있는 사람이다. 이들은 참가자들이 그룹으로서 제대로 기능하고 사례 논의가 사례 제공자에게 유용하게 유지되도록 하는 데 필요하다. 경험있는 진행자가 없으면 인터비전 세션은 순식간에 그저 또 하나의 수다그룹이나 일종의 업무회의로 변질된다. 둘 다 유

용한 것이긴 하지만 인터비전이 목표로 하는 결과를 주지는 않는다. 7장은 진행자의 역할과 관련 전제 조건들을 상세히 설명한다.

2. 인터비전 그룹의 기능에 속하는 전제조건들로서, 그룹 내에서 모든 참가자는 하나의 역할을 수행한다. 전제 조건들은 다음과 같다:

접촉:
  - 그룹 구성 및 규모
  - 자율성과 책임감
  - 신뢰와 안전
  - 평등

역할 분담:
  - 사례 제공자
  - 참가자들
  - 참관인 선택사항
  - 진행자
  - 그룹 약속
  - 비즈니스 측면
  - 전문가적 측면
  - 심리학적 측면

기술:
  - 피드백과 성찰
  - 인터비전 방법의 사용
  - 인터비전 그룹의 종료

a. 접촉

그룹 내 누군가에게 중요한 문제를 적절히 다루려면, 그룹과 그룹 프로세스의 측면에 주의를 기울이는 것이 매우 중요하다.

그룹 구성 및 규모

인터비전 그룹은 진행자와 사례 제공자를 포함하여 5~8명으로 구성된다. 경험에 따르면, 이 규모가 최고의 그룹 역동을 부여한다. 5명으로 구성된 그룹에는 사례 제공자, 진행자, 그리고 질문을 할 3명의 참가자가 있다. 이보다 더 작은 그룹은 바람직하지 않다. 그룹은 모임 전 과정동안 동일한 구성을 유지해야 한다.

인터비전 그룹은 다음과 같이 구성될 수 있다:

- 현장 안팎의 알지 못하는 사람들
- 현장 안팎의 아는 사람들
- 조직 내 직속 동료들
- 조직 내 다른 동료들

각 그룹에는 고유한 역학관계와 장단점이 있다. 직속 동료와 함께 작업하면 서로를 이미 알고 있고 함께 일하기 때문에 인터비전 프로세스에 속도를 높일 수 있다. 동시에 직속 동료가 관련되어 있는 문제에 대해 논의하면 모두가 해당 사안에 대해 잘 알기 때문에 더 까다로운 일이 발생할 수 있다. 그러나 그룹이 함께 배우고 서로에게서 배우기 때문에 팀이 강화될 수도 있다. 어떤 사람들은 이 경우 일상적인 업무 환경을 벗어난 그룹에 참여하는 것을 고려하기도 한다. 외부에서 온 전문가들과 함께 하는 인터비전은 문제에 대한 인식은 떨어지게 할 수 있지만, 문제에 대해 더 넓은 시각을 줄 수 있다. 그러나 일반적으로 인터비전은 또래나 동료들과 함께 이루어진다.

인터비전은 자발적으로 이루어진다. 참가자들이 기꺼이 자신의 행동을 성찰해야 하기 때문이다. 그룹의 구성은 다음에 의해 결정될 수 있다:

- 나만의 그룹을 선택하거나 기존의 그룹 또는 새로 만든 그룹에 가입하기
- 자사 조직이나 근무하는 회사의 누군가에 의해 어떤 그룹에 배정되기.

그룹 내 위계질서는 사람들이 문제를 공유하거나 행동에 대해 논의하는 것을 꺼리게 만들 수 있으므로 피해야 한다. 관리자가 참여하면, 사실상 '상사'가 듣고 있는 것이다. 사례가 사례 제공자와 관리자 또는 관리자가 참석할 경우 일을 더 어렵게 만들게 될 동료와의 관계에 관한 것일 수 있다. 마찬가지로, 관리자는 기밀 유지 문제로 인해 직원과 관련된 사례에 대한 토론에서 자신의 추론을 공유하기가 주저될 수도 있다.

그룹을 구성하는 사람은 좋은 액션러닝 그룹 형성을 목표로 한다. 고려해야 할 사항으로는 직무, 연령대, 업무 분야*의 분포, 성별 균형, 인터비전 경험, 직장내 경험, 서로 아는 사람인지 여부, 민감할 수

있는 부분들 등이 있다. 그룹을 구성할 때, 잠재적인 그룹 구성원에게 서로 어떤 관계에 있는지 물어봄으로써 태도를 확인하고 민감성으로 인한 상처를 사전에 예방할 수 있다. 참가자들이 서로에게 열린 태도를 유지하는 것이 중요하다. 이는 누군가가 그룹 내에서 안전하다고 느낄 때에만 가능하다. 입문 모임에서는 학습 질문을 주고 받으면서 상호 접촉을 강화할 수 있다. 왜 인터비전에 참여하고 싶은지? 무엇을 배우고 싶은지? 전에 해 본 적이 있는지? 인터비전이 성공적이었던 것은 언제인지?

자율성과 자기 책임 own responsibility

인터비전 그룹은 소유권을 공유한다. 인터비전 그룹에 들어가는 즉시, 모든 구성원들은 그룹 내에서 그리고 인터비전 과정에서 적극적이고 진지하게 참여하도록 요청받는다. 진행자를 제외하고 각 참가자는 인터비전 모임의 과정에서 사례를 제출한다. 진행자 뿐 아니라, 모든 사람에게 과정과 결과에 대한 책임이 있다. 그룹 전체는 반드시 안전하고 좋은 학습환경을 조성하고, 피드백을 적절히 주고 받는다.

사례 제공자의 사례는 그들에게 중요한 문제이므로 진지하게 받아들이는 것이 중요하다. 참가자는 서로의 이야기를 적극적으로 경청하고 사례 제공자에게 도움이 되는 건설적인 질문을 해야 한다.

근본적인 underlying 신뢰와 안전의 감각

인터비전 세션동안 참가자는 마음을 열도록 요청받는다. 사례 제공자의 경우, 인터비전은 개인적일 수 있고 심지어 대립적일 수도 있다. 그래서 이것은 특별한 관심과 주의가 필요하다. 사례 제공자의 딜레마와 학습 사항에 대한 토론은 편하고 안전한 분위기에서 이루어져야 하고, 이를 통해 사례 제공자가 자신의 사례 질문을 탐색할 공간과 자유가 있다고 느낄 수 있게 해야 한다.

> '우리는 전에는 서로 전혀 모르는 완전히 다른 일곱 명의 사람이었고, 직업 조직으로만 연결되어 있었기 때문에 우리의 연결에는 우연이라는 요소가 있었습니다. 서로 다른 성격과 업무 배경을 가지고 마음을 열 용기를 가진 일곱 명의 사람이었습니다. 안전 보장을 위한 규칙이 있었지만, 우리가 서로 잘 몰랐다는 점, 체면을 유지할 필요가 없었다는 점, 지위를 유지하기 위해 어떤 행동도 할 필요가 없었다는 점이 도움이 되었던 것 같아요. 이런 생각은 정말 좋은 것 같아요. 맙소사, 당신도 그게 신경쓰이나요? 우리는 서로를 존중하고 사례 제공자가 계속 진행하기 위해 필요한 것을 제공하기 위해 열심히 노력했어요. 숨겨진 의제는 없었습니다.'
>
> — 인터비전 그룹, 참가자

일부 참가자들은 아는 사람이나 직속 동료와 함께 하는 그룹에 속하지 않는 것을 선호한다. 자신의 '불완전함'과 개선점을 직시할 수 있는 정신적 자유를 더 많이 부여하기 때문이다. 서로를 아는 사람들로 구성된 그룹에서도 이러한 참가자들을 지원하기 위한 합의가 필요하다. 한 가지 중요한 규칙은 그룹에서 논의된 내용은 어떤 것이라도 그룹 내에서만 머물고 외부인과 절대 공유하지 않는다는 것이다. 인터비전에서는 개인정보 보호가 핵심이다. 개인정보 보호와 비밀 유지가 무엇을 의미하는지 그룹에서 이러한 측면을 어떻게 처리하고 싶은지에 대해 분명하게 논의해야 한다.

참가자들은 모임 중이나 모임 후에 다른 사람들로부터 판단이나 비난받지 않을 것이라는 믿음을 가질 수 있어야 한다. 참가자들은 자신의 문제를 공개적으로 자유롭게 공유할 수 있어야 한다. 진행자는 사례 제공자와 참여자 모두에게 장애물이 없음을 확인해야 한다.

> '처음부터 우리는 기밀 유지와 안전에 대해 그룹 내에서 명확한 합의를 했고 그것은 진행자의 기록지에 기록되었습니다. 이것은 저에게 철칙과도 같은 요구입니다. 때때로 참가자들 중 어떤 사람은 모임에서 안전에 대한 합의를 반복해서 말하기도 합니다. 이따금씩 이것을 고려하는 것은 유용하다고 여겨집니다. 이는 심도있는 인터비전에 매우 핵심적인 조건이기 때문입니다.'
>
> -인터비전 그룹, 참가자

소개 시간에 진행자는 시간을 내어 그룹에 대한 소속감과 안전감을 형성하도록 한다. 이것은 초보자들이나 경험이 없는 그룹들, 또는 참가자들이 서로를 모르는 경우 매우 중요하다. 공간과 사고의 자유를 제공하는 개방적인 학습 문화가 필요하다. 인터비전이 성공적이기 위해서는 모든 그룹 구성원들이 진행자를 받아들이는 것이 중요하다. 열린 마음은 인터비전에 필수적이다. 다른 사람을 있는 그대로 바라보기 위해서도 필요하지만, 무엇보다도, 자신을 있는 그대로 바라보기 위해서도 필요하다.

평등

인터비전에는 위계가 없으며, 모든 참가자는 평등하다. 그룹 내 위계적 관계는 개방성과 행동에 부정적인 영향을 끼칠 수 있기에 가능한 한 피한다. 그룹이 관리자와 직원 또는 프로젝트 리더와 팀원으로 구성된 경우, 사례나 답변이 관리자나 동료와 관련될 수 있기 때문에 사례에 대한 생각사례 추론이나 답변을 공유하는데 제약이 생길 수 있다. 그럼에도 불구하고, 위계질서나 의존성의 형태를 가진 인터비전 그룹을 구성하는 것은 바람직하다. 그 경우, 사전에 예외 사항에 대한 명확한 합의가 필요하다. 예를 들자면, 관리자가 참석하는 경우, 사례 제공자에게는 어떤 종류의 사례 추론이 덜 효과적일까? 같은 것이다.

b. 역할 분담

인터비전에서 역할 분담은 구조적이고 명확하게 이루어진다. 다음과 같은 역할이 있다:
- 사례 제공자는 업무와 관련된 사례를 제공하고 전문성을 향상하는데 도움이 되는 통찰을 얻는다.
- 참가자는 특정 인터비전 방법에 따라 건설적인 질문을 함으로써 사례 제공자를 돕는 것이 임무다.

- 진행자는 과정과 학습분위기, 인터비전 방법을 모니터링하고 지원한다. 진행자는 사례 제공자에게 집중하면서, 인터비전 과정을 안내하고 참가자들이 선택된 인터비전 방법을 고수하는지 확인한다. 이들은 질문을 통해 적극적으로 참여하지는 않는다.
- 참관인 선택사항은 사례 제공자에게 비언어적 피드백을 제공하거나 단순히 인터비전 과정을 참관할 수 있다.

역할은 사전에 합의한다. 모든 참가자가 돌아가면서 사례를 제공할 수 있도록 진행자를 제외한 모든 역할은 바뀐다. 7장에 역할에 대한 더 자세한 설명이 나온다.

C. 그룹 약속

인터비전 과정을 시작할 때 진행자는 그룹을 위한 단체 약속문을 작성하는데 시간을 할애한다. 구성원들은 단기간에 서로를 알아가고 신뢰하며 합의된 내용을 지지해야 한다. 우리가 달성하고자 하는 목표는 무엇인지, 서로를 어떻게 대해야 하는지, 인터비전 과정에 어떻게 대처해야 하는지, 서로에게 무엇을 의지할 수 있는지 등 서로 합의하는 것이 좋다.

진행자는 입문 모임에서 비즈니스, 전문적, 심리적 세 가지 측면을 다루는 약속문을 완성한다. 중요한 사항을 논의하고 이에 대한 합의를 도출하는 것이 중요하다. 이는 인터비전 모임과 그룹 프로세스에 도움이 된다.

비즈니스 측면

참석

인터비전은 의식적인 변화를 만드는 것이다. 모든 참가자는 고정되고 익숙한 환경에서 능동적으로 학습하기를 원한다. 참가자들은 그룹의 동료들, 인터비전 과정, 사용되는 방법과 관계를 정한다. 참여가 자발적이긴 하지만 모든 세션에 참석해야 하는 등의 의무가 없는 건 아니다. 불참자는 나머지 사람들에게서 사례에 대한 의견을 박탈하게 되기 때문이다. 진행자는 모임에 의무가 없지 않다는 점에 대해 그룹과 사전에 합의한다. 또한 예상치 못하게 불참하는 사람이 있을 경우 어떻게 할 것인지 결정한다.

장소

인터비전은 모든 참가자가 편안하게 느끼고 학습을 자극할 수 있는 조용하고 밝은 공간이 필요하다. 방법에는 방의 크기와 같은 특정한 공간적 요구 사항이 있을 수 있고, 특정 자료플립 차트가 필요할 수도 있다. 진행자는 장소를 준비하며, 사례 제공자와 함께 특정한 방법을 적용하는데 필요한 다른 물품들도 준비한다.

시간

인터비전은 집중을 필요로 한다. 진행자는 인터비전 세션이 시작되는 순간 모든 사람들이 자기 일을 손에서 놓았는지 확인한다. 이를 위해 의제 '따라잡기catch up' 라운드를 추가할 수 있다. 이렇게 하면 인터비전 모임으로 쉽게 전환된다. 또한, 그룹 구성원들이 다른 회의 하러 일찍 퇴장하는 상황이 생기지 않도록 세션에 충분한 시간이 확보되어야 한다. 한가지 옵션은 세션을 하루의 마지막에 개최하거나, 점심식사나 저녁식사 같은 것과 결합하는 것이다. 이렇게 하면 업무에서 인터비전 세션으로 자연스럽게 전환할 수 있다.

모임 빈도는 미리 결정된다. 학습 곡선을 유지하려면 5~8주마다 인터비전 세션을 갖는 것이 좋다. 이렇게 하면 사례 제공자가 조치를 실행할 충분한 시간을 확보할 수 있다. 시작 및 종료 시간도 미리 정하고, 선택한 방법의 모든 단계가 사례 토론 중에 이루어지도록 모든 단계에 대한 시간 프레임을 만드는 것이 좋다.

돈

장소, 재료, 커피, 차, 음식 때문에 일부 비용이 발생할 수 있다. 이러한 비용에 대한 지불은 사전에 합의되어야 한다.

전문적 측면

나에게 무슨 이익이 있나?

무엇을 배우고 싶은가? 주제와 이슈에 대한 통찰을 얻고자 하는 목적은 무엇인가? 어떻게 그것을 성취하고 싶은가? 기대는 무엇인가? 함께 서로에게서 배우기 위한 공간을 어느 정도 가지고 있는가?

자질

인터비전은 함께 배우는 것이다. 인터비전의 목표는 전문성을 향상시키는 것이다. 개인적으로 그리고 그룹 전체가 지향하는 자질은 무엇인가? 어떤 목표를 성취하고 싶은가? 모두 무엇을 배우고 기여하고 싶은가? 어떻게 품질을 보호하고 서로의 학습을 도울까? 사례 질문에서 무엇을 기대하는가?

업무에 임하는 전문가의 자세

어떤 직업적 태도를 가져야 할까? 피드백과 성찰에 열려 있는가? 모두의 경계는 어디인가? 인터비전이 진행되는 방식에 대해 어떻게 서로 이야기 나눌 수 있을까? 사례 제공자가 제안한 조치에 대해 우리는 무엇을 기대할 수 있는가?

인터비전 경험

인터비전은 질문하고 방법을 따르는 경험이 필요하다. 그룹은 어떤 경험을 가지고 있으며 구성원들은 이를 공유하고 받을 준비가 되어 있는가? 사람들은 일반적으로 인터비전에 대해 어떤 경험을 가지고 있으며, 이 경험을 어떻게 하면 경험이 적은 다른 사람들에게 최대한 빨리 전달하여 그룹의 인터비전 결과를 최대한 향상시킬 수 있을까? 선택한 방법을 얼마나 확고하게 고수해야 할까?

심리적 측면
동기부여

내가 인터비전에 참여하게 된 동기는 무엇인가? 때로는 힘들기도 한 나의 문제를 다른 사람들과 나누는 것이 얼마나 흥미롭다고 생각하는가? 나의 목표는 무엇인가?

저항

이미 어떤 저항의 영역을 지칭할 수 있을까? 그룹 차원에서 어떻게 대처하고 싶은가? 한계는 어디에 있으며, 그 이유는 무엇이고, 누가 한계를 결정하는가? 상처받기 쉬운 부분은 어디에 있나?

위험

우리가 대처해야 할 위험이 있다면 어떤 것이 있으며, 있다면 어떻게 대처할까? 예를 들어, 팀원 변동으로 인한 그룹 구성원 교체, 향후 발생할 수 있는 긴박한 상황 등이 있다.

d. 인터비전에 필요한 기술

피드백

참가자는 인터비전 세션 중에 사례 제공자에게 피드백을 제공한다. 사실상, 참가자는 사례와 사례 제공자의 역할에 대해 구조적이거나 명확한 질문을 던짐으로써 사례 제공자에게 거울을 제시한다. 사례 제공자는 피드백에 대해 성찰하고 자신의 행동, 생각, 행위 및 선택에 대해 적극적으로 생각하게 된다.

인터비전에서는 누구도 판단을 하거나, 조언을 하거나, 사물에 대한 자신의 해석을 말하지 않는다. 인터비전은 옳고 그름에 대한 것이 아니기 때문에 논쟁은 피해야 한다. 참가자들은 단계적으로 사례 제공자가 자신의 통찰을 드러내고 자신의 조언을 진술할 수 있도록 돕는다. 사례 제공자는 피드백이 유용하다고 판단되면 사례 질문을 재구성하거나 다음 단계를 계획하는 데 피드백을 반영한다. 인터비전에서는 피드백을 주고 받을 수 있어야 한다.

참가자는 피드백 규칙에 대해 어느 정도 알고 있어야 한다. 사례 제공자의 말을 경청하고 공감하는 것은 인터비전 그룹에 가치있는 기여를 하기 위해 중요하다. 피드백에는 판단이나 비난이 없고, 상대방이 객관적으로 보고, 듣고, 경험하고 느낀 것을 설명한다. 피드백은 어떻게 주는 걸까? 피드백을 준다는 것은 누군가에게 배울 수 있는 것을 주고 싶다는 의사표시이다. 피드백 받는 사람이 무엇을 배울 수 있는지는 피드백 주는 사람이 아니라 피드백 받는 사람이 결정한다.

피드백의 형태는 매우 다양할 수 있다. '방금 대화에서 아주 직설적인 발언을 하셔서 정말 당황스러웠어요' 라는 피드백은 매우 대립적인 것으로 받아들여질 수 있다. '방금 그 발언으로 무엇을 전달하고 싶었나요? 정말 그 발언이 저에게 상당한 영향을 미치는군요' 라고 하면 좀 더 개방적이고 질문하는 것처럼 들린다. 때로 피드백은 사각지대나 지속적으로 반복되는 주제에 관한 것이기도 하다. 자신은 인지하지 못했지만 다른 사람이 알아차리는 행동이며, 자신이 알고 있고 대처할 방법을 찾았다고 생각하지만 내가 하는 일에서 계속 반복되는 행동을 말한다.

인터비전에서는 참가자가 피드백에 개방적이고 서로에게 무언가를 돌려 줄 수 있도록 하는 것이 중요하다. 피드백은 명쾌하고 직접적이고 진심일 때 효과적이다. 피드백은 지각할 수 있고 가시적인 행동으로 직접 연결된다.

피드백 주기

- 긍정적으로 시작하고 1인칭 단수형('당신'이 아니라 '나')를 사용한다.
- 구체적이어야 한다. 판단하지 말고 구체적인 행동을 묘사하라.
- 구체적인 행동을 '나는 ___ 를 본다' '나는 ___ 를 듣는다' '나는 ___ 를 느낀다' 라는 용어로 표현하라.
- 솔직하라 그리고 그 행위가 자신에게 미치는 영향을 드러내라.
- 상대방이 내 말을 이해했는지 확인하라.
- 이것은 인신 공격이 아니라 특정 행동에 관한 것임을 분명히 하라.
- 단계적으로 피드백을 제공하라. 모든 것을 한꺼번에 섞지 마라.

피드백 받기

- 피드백에 마음을 열고 이해하려고 노력하라. 피드백을 학습의 순간으로 생각하라.
- 주의 깊게 듣고 필요시 설명을 요청하라.
- 방어적인 태도를 취하지 말고 피드백을 공격으로 보지 마라.
- 피드백이 얼마나 유용한지 스스로에게 물어라(확인하라).
- 피드백은 긍정적일 수 있다. 기꺼이 칭찬을 받아들이라.
- 피드백한 사람들에게 감사하라.

'세션에서 저는 직장 동료와의 인터비전이 동료 겸 친구와의 스파링과는 다소 다르다는 것을 알았습니다. 두 번째 상황은 종종 누군가 조언을 하는 식으로 마무리되는데, 직장 동료와의 인터비전에서는 이런 일이 일어나서는 안됩니다. 이런 식으로 우리는 자신의 약점을 바라보고 이에 대해 스스로 무언가 하는 법을 배웁니다.'

인터비전 그룹, 참가자

성찰

사례 제공자는 사례 토론 중에 자신이 듣고, 생각하고, 느끼고, 경험한 것에 대해 성찰한다. 체계적인 방식으로 자신의 행동을 되돌아보고 이 구조에서 배운다. 그들은 무엇을 배웠는지 계속 묻고, 질문에서도 배울 수 있다. 다른 어떤 선택을 할 수 있는가? 사례의 본질은 무엇인가? 그것은 나에게 명확한가? 언제 명확해졌는가? 이 상황에서 나는 유능하다고 느끼는가? 나는 무엇이 필요한가? 그것은 어떻게 작동하는가? 왜 작동하는가? 나는 정확히 무엇을 했는가? 이것을 할 때 나는 어떤 경험을 했는가? 다르게 할 수 있었던 건 무엇일까? 어떻게 다르게 할 수 있었을까? 등.

인터비전은 사례 제공자가 깊이 성찰하도록 하는 것을 목표로 한다. 이러한 방법론적 접근을 통해 사례 제공자는 자신의 사례와 사례 속 역할, 상황을 현재와 같이 만든 근본적인 견해숨겨진 동인에 대해 성찰하도록 초대받는다. 참가자는 사례 제공자가 자신의 길을 찾을 수 있는 충분한 공간을 제공한다. 사례는 사례 제공자의 것이지, 참가자의 것이 아니기 때문에 충고를 하거나 판단을 내릴 필요가 없다. 11장에서 성찰에 대해 더 상세하게 설명한다.

인터비전 방법 사용

각 세션은 하나의 또는 다른 인터비전 기법을 적용한다. 이 책은 검증된 10가지 방법을 설명한다. 체계적인 접근방식은 통찰을 얻는 데 집중하기 때문에 인터비전의 질에 크게 기여한다. 방법은 구조적 측면에서 설명되어지는데, 각 방법은 사례 제공자가 사례에 대한 통찰력을 얻는데 도움이 되는 수준에 도달하도록 하기 위해 자신만의 고유한 시스템을 따른다.

진행자와 사례 제공자는 사례에 적용할 방법을 미리 선택한다. 방법 선택기가 도움을 줄 수 있다.12장을 보라 참가자는 세션이 시작되기 전에 선택한 방법을 숙지해야 한다. 인터비전이 진행되는 동안 여러 가지 방법을 선택하고 모든 방법을 제대로 이해하고 숙달하는 것이 유용할 수 있다.

e. 인터비전 그룹의 마무리

인터비전 그룹은 모든 사람이 토론할 사례를 제출할 수 있도록 그룹 참가자들의 수만큼 자주 만난다. 각 과정은 소개 모임으로 시작해서 평가 모임으로 끝난다. 인터비전 과정이 마친 후 그룹으로 계속 진행하는 것을 고려하는 것이 좋다. 어떤 그룹은 몇 년동안 계속 진행하여 사람들이 서로를 잘 안다. 그룹은 개별 참가자들에게서 바꾸기 어렵고 계속 반복되는 주제를 발견할 것이다. 그룹은 전형적인 문제나 주제가 계속 반복될 때 사례 제공자에게 조치를 '기대한다.' 인터비전 세션이 끝난 후 느슨한 접근 방식으로 이를 수행하는 것은 용납되어서는 안된다. 참가자들은 이에 대해 사례 제공자에게 이의를 제기해야 한다. 그 결과 인터비전은 더 날카롭고, 더 방향성이 있으며, 더 나은 결과를 가져온다.

> '1년 동안 많은 시간을 함께 보내고 난 후, 저는 실질적으로나 전문적으로 도움이 될 뿐만 아니라 재미도 있다는 결론에 도달했습니다. 이 그룹의 강점은 공간과 참여입니다. 그래서 우리는 만장일치로 한 해 더 이어가기로 결정했습니다. 개인적, 전문적 발전과 직업 발전에 도움이 되는 새로운 한 해를 기대합니다.'
>
> – 인터비전 그룹, 참가자

하지만, 너무 오래 지속하는 것도 단점이 있다. 각 그룹에는 고유한 역동이 있다. 오랫동안 서로를 알고 지내온 그룹은 분위기가 너무 친밀해지고 구성원들이 너무 수용적인 위험에 직면할 수 있다. 너무 편안해져서 규칙과 구조는 뒷전으로 밀려 나고 모임은 더 이상 유익하지 않게 된다. 오래 계속되는 그룹은 이러한 위험을 면밀히 모니터링해야 한다. 필요한 경우, 진행자는 참가자와 함께 문제를 해결하고 프로세스를 조정할 수 있다.

> '이전 인터비전 그룹은 5년 동안 지속되었죠. 사실 유효 기한에 도달했습니다. 구성이 바뀌었고, 제 생각에는 방법들을 사용하지 않고 있었기 때문에 더 이상 깊이가 없었습니다.'
>
> – 인터비전 그룹, 참가자

인터비전 그룹이 중단되면, 서로 인터비전 과정을 평가하는 것이 유용할 것이다. 시간이 지남에 따라 어떤 결과가 있었으며, 다른 새로운 그룹에 참여할 때 어떤 학습목표를 제시하는가?

7장 • 역할

성공적인 인터비전은 여러 가지 요인에 따라 달라진다. 적절한 사례와 인터비전 방법 외에도 그룹 자체가 매우 중요하다. 그룹 구성원은 각자 다른 역할을 맡는다. 이러한 역할은 사례 제공자가 자신의 문제에 대한 통찰을 얻는데 최대한 도움을 줄 수 있도록 한다. 모두가 정해진 구조에 의존하고 합의된 책임을 알 수 있기 때문에 모든 당사자가 집중하고 안심할 수 있다. 세 가지 필수 역할과 한 가지 선택적 역할이 있다. 사전에 다른 역할들에 대해 적절히 논의하는 것이 중요하다.

필수 역할은 다음과 같다:
1. 사례 제공자는 사례를 제출한다.
2. 참가자는 사례 제공자가 문제에 대한 통찰을 얻도록 돕는다.
3. 진행자는 모임을 안내하고 인터비전 방법 사용을 지원한다.

선택적 역할은 다음과 같다:
- 참관인은 인터비전 프로세스에 적극적으로 참여하지는 않지만, 추가 정보를 제공할 수 있다. 참관인은 인터비전 그룹 참가자가 너무 많을 때도 활용될 수 있다.

1. 사례 제공자

사례 제공자는 그들을 혼란스럽게 만든 문제에 대한 통찰을 얻을 필요성을 느낀다. 이들은 사례와 그 안에서 자신이 맡은 역할을 참가자들과 공유하고 싶어 한다. 선택한 방법의 체계적 접근방식을 따르고, 주어진 질문에 답하면서, 사례 제공자는 향후 유사한 상황에서 전문적으로 도움이 될 통찰을 얻고 싶어한다.

제출된 사례는 사례 제공자가 문제 또는 수수께끼a puzzle로 경험한 최근의 업무 관련 상황과 연관되어 있어야 한다. 사례 제공자의 사례는 학습의 순간으로 간주되어야 한다. 아마 그들은 어떤 개입이 이루어져야 하는지 또는 이미 이루어졌어야 하는지에 대해 의문이 있거나 확신이 없을 것이다. 내가 잘 했는가? 옳은 일을 했는가? 옳은 이유로 이렇게 했는가? 또는 그들은 정확히 내가 무엇을 하기를 원하는가? 내가 놓친 것은 무엇인가? 다르게 할 수 있었던 것은 무엇인가? 사례는 다음의 것에 대한 분석이 될 수 있다. 예를 들어, 계획된 접근 방식, 의도된 행동, 대화, 또는 직장에서의 사건 사고. 선택의 기준은 사례 제공자가 그 상황에서 자신의 행동과 주관적인 선호도나 견해를 명확하게 파악할 수 있어야 한다는 것이다. 하지만, 무엇보다도, 사례 제공자는 자신의 사례와 사례 질문이 개인적으로 연결되어 있다고 느껴야 한다. 무언가를 바꾸고 싶어하기 때문이다. 실습에 따르면, 일반적으로, 사례는 다른 참가자들에게도 학습 과정을 활성화하는 것으로 나타났는데, 이는 다른 참가자들이 쟁점이 되는 문제의 측면들를 인식할 수 있기 때문이다.

사례 제공자는 미리 종이에 자신의 사례를 준비한다. 사례 질문이 인터비전에 적합한지, 어떤 인터비전 방법이 이 특정 사례에 가장 도움이 될지 진행자와 논의한다. 그런 다음 선택한 방법이 달리 명시되어 있지 않는 한, 선택한 방법과 함께 사례에 대한 정보를 그룹에 보낸다.

세션이 진행되는 동안 사례 제공자는 자신의 사례를 간략하고 명확하게 설명하고, 참가자의 질문에 열린 자세로 임한다. 참가자는 문제에 대한 통찰을 얻고 건설적인 질문을 할 수 있도록 돕는다. 이 과정에서, 사례 제공자는 자신의 문제에 대해 깊이 고민한다. 사례 토론 중에 얻은 통찰을 바탕으로, 사례 질문을 여러 번 다시 구성해야 할 수도 있다. 사례 토론이 끝나면, 새로운 통찰과 의도된 행동을 공식화한다. 다음 인터비전 세션이 시작될 때, 그들은 자신의 행동 결과에 대한 업데이트를 제공한다.

참가자들은 다음 사례를 제출할 순서를 미리 합의할 수 있다. 인터비전 세션은 긴급한 상황보다 더 우선순위를 부여하는 것이 좋다.

사례 제공자
- 관련 사례를 정의한다.
- 사례와 사례 질문을 준비한다.
- 사례에 대한 명확한 설명을 제공할 수 있다.
- 참가자의 질문에서 얻은 정보에 대해 평가하기를 연기한다.
- 질문에 토대를 둔 자기분석을 수행한다.
- 필요로 하는 변화를 적극적으로 탐색한다.
- 행동 계획을 수립하고 실행한다.
- 다음 세션에서, 그룹에 결과 업데이트를 제공한다.

2. 참가자

인터비전에서 각 참가자는 사례 제공자에게 사례 문제에 대한 통찰력을 제공하도록 도와야 할 공동의 책임이 있다. 참가자가 조언자가 되지 않고 사례 제공자에게 초점을 맞추는 것이 중요하다. 이 경우 사례 제공자는 해결해야 할 상황에서 어떤 요인이 영향을 미쳤는지 스스로 발견하도록 돕는다. 이를 위해서 주의력과 집중력이 필요하고 자신의 생각과 신념을 내려 놓아야 한다. 참가자는 사례 제공자의 말을 경청하고 있으며 그들의 행동, 견해, 자질에 관심이 있음을 보여 주어야 한다. 참가자는 사례 제공자에게서 관찰한 행동과 그들의 이야기를 바탕으로 개방적이고 건설적인 질문을 해야 한다. 사례 자체보다는 사례 제공자의 생각, 행동, 감정이나, 사례를 스스로 이해하고자 하는 욕구에 더 많은 시간을 할애해야 한다. 사례 제공자는 항상 참여자의 개입이 도움이 된다고 생각하는 것이 이상적이다.

참가자

- 사례 제공자가 해당 상황에서 실제로 무슨 일이 일어 났는지 파악할 수 있도록 돕는다.
- 자신의 해결책, 아이디어, 의견을 내려 놓는다.
- 해석과 일반화를 피한다.
- 명확하고 건설적인 질문을 한다.
- 적극적으로 경청하고 사례 제공자의 행동을 관찰한다.
- 사례의 내용에 집중하지 않고, 질문과 연관지어 사례 제공자의 생각과 행위에 집중한다.
- 사례 제공자의 신체 언어와 비언어적 의사소통에 주의를 기울인다.
- 사례 제공자가 스스로를 방어해야 하는 듯이 느끼지 않도록 한다.
- 사례와 사례 설명을 그들 자체의 규범이나 가치, 신념에 대조하여 테스트하지 않는다.

3. 진행자

인터비전은 개방성, 솔직함, 안전이 성공의 열쇠가 되는 프로세스이다. 인터비전 그룹의 한 명이 질을 촉진하고 보호하는 목적으로 진행자의 역할을 수행한다. 진행자의 역할은 인터비전 과정의 질에 직접적인 영향을 미친다.

진행자의 임무는 사례 제공자에게 인터비전 모임이 성공적일수 있도록 보장하고, 그룹이 선택한 방법을 지원하는 것이다. 이것은 조직하고 안내하며 그룹을 위한 학습 환경의 질을 보장하는 동시에 그 방법을 적용하고 그룹 학습의 역동성에 적극적으로 기여하는 것을 의미한다. 이들은 사례 제공자와 함께 사례와 사례 질문을 미리 논의하고 사례에 가장 적합한 인터비전 방법을 선택하는데 도움을 준다. 진행자는 방법의 단계를 따라 그룹을 안내한다. 따라서 진행자는 인터비전 세션의 효율적 진행을 위해 매우 중요한 사람이다.

진행자는 인터비전 과정 내내 같은 사람으로 머물러 있다. 진행자의 역할이 바뀌면 그 사람이 진행자인 사람과 같은 경험을 하지 못할 경우 학습과정에 부정적인 영향을 미칠 수 있다. 또한, 진행자가 개인적으로 참여하는 경우가 너무 많아서 사실상 진행자 뿐만 아니라 또 한 명의 참가자가 되는 경우도 있다. 이는 집중력과 질에 방해가 될 수 있다. 진행자는 약간의 객관적인 거리를 유지하고 실제 과정에 집중함으로써 학습 과정을 자극할 수 있는데, 이는 사례 제공자와 함께 사례에 실질적으로 참여할 경우 방해가 될 수 있다. 이렇게 하면 진행자의 역할이 왜곡될 수 있다.

'최근에 저는 처음으로 진행자로서 참여했습니다. 저는 훨씬 더 자유로움을 느꼈습니다. 그룹 프로세스에서 어떤 일이 벌어지는지, 제가 무엇을 해야 하고 어떤 방법을 사용해야 하는지 훨씬 더 잘 알 수 있었어요. 또한 제가 그 과정에서 진행자가 되는 것에 대해, 내가 생각했던 것보다 훨씬 더 많은 것을 배웠음을 깨달았어요.'

- 인터비전 그룹의 진행자

진행자의 초점

진행자는 여러 가지 방식으로 인터비전 과정에 기여한다. 인터비전 세션에서 그들의 독립성과 주제 지식은 지속적이고 필수적이다. 인터비전의 질은 진행자의 헌신에 따라 크게 달라진다. 진행자는 초점과 접근방식이 유연해야 한다. 그 능력은 표 7에서 알 수 있듯이, 그룹의 경험에 따라 달라진다.

〈표 7〉 진행자의 역할

	진행자의 역할	참가자의 경험
리더	참가자들 간의 관계에 집중하고, 함께 문제를 풀어나감	경험 없음, 망설임
지식 전달	과업 위주의 지침 전달을 완수하는데 집중함	경험 없음, 열린 마음
지원 제공	상호 작용 프로세스에서 방해 요인을 발견하고 인터비전을 도움	능숙하고 경험있음
강화 제공	사례 제공자의 전문적 관점과 개인적 가치관을 간결하고 핵심적으로 강화하는 과정에 집중함	경험있음

리더

진행자는 참가자들이 인터비전 경험이 없고 능숙하지 못할 때 그리고 마음 열기를 주저할 때 그룹리더 역할을 하는 것이 좋다. 그런 다음 진행자의 역할은 참가자 간의 관계를 발전시키는 데 있다. 진행자가 작업하는 방식에는 접근법, 시스템 및 질문 방식에 대한 명확한 지침을 제공하는 것이 포함된다. 진행자는 그룹이 잘 운영되고 사례 제공자가 사례에 필요한 도움을 받을 수 있도록 한다.

지식 전달

참가자들이 인터비전에 능숙하지는 않지만 그럼에도 불구하고 서로에게 기꺼이 마음을 열려고 할 때 지식 전달이 지원 방법이 된다. 이런 상황에서 진행자의 역할은, 구체적으로 말하자면, 상호 관계를 발전시키는 것이 아니라, 인터비전의 방법론을 전달하는 것을 목표로 한다. 여기서 진행자의 역할은 접근 방식에 대한 명확한 지침을 제공하고, 특히 질문하는 방식을 통제하고 합의를 도출해 내는 것이다.

지원 제공

참가자가 인터비전 기법에 완전히 잘 알게 되면 진행자가 이러한 역할을 하게 된다. 이제 진행자는 주로 상호 과정에 방해가 되는 요인을 감지하는 데 집중한다. 예를 들어, 참가자가 사례 제공자에게 도움이 될 만한 건설적인 질문을 하지 않고 판단 내리는 것을 경계한다. 진행자는 프로세스를 지원하고 필요한 곳에 개입하여 프로세스에 적응한다.

강화하기

참가자들은 인터비전에 정통하고 서로에 대한 신뢰가 두터워 마음 여는 것을 두려워하지 않는다. 이 수준의 그룹에서는 진행자의 역할이 다른 참가자와 거의 구분되지 않는다. 강화reinforcement를 제공하는 것이 자연스럽게 이루어진다. 그룹 전체가 최적의 대화 분위기를 조성하고 사례 분석 및 조사의 깊이를 확장하는 공통의 목표를 가지고, 모두 함께 잘 작업하고 있는지 확인한다. 여기서 핵심 질문은 우리진행자와 참가자가 어떻게 하면 학습 과정을 사례 제공자의 전문적인 견해와 개인적 가치에 건설적으로 초점을 맞출 수 있는가 하는 것이다.

> '적절한 깊이의 분석에 도달하기 위해 진행자의 역할이 결정적입니다. 특히 우리 그룹은 인터비전에 대한 경험이 많지 않기 때문에, 진행자의 경험과 확신이 큰 도움이 되었습니다. 인터비전 그룹으로서 우리는 1년 내내 긴밀하게 함께 일했다고 생각했지만, 실제로는 그 해에 서로를 6번 밖에 보지 못했습니다. 진행자가 사례 제공자가 되었을 때 우리는 다른 사람에게 진행자의 역할을 맡겼고 그 역할은 잘 진행되었습니다. 이런 식으로 다른 사람이 진행자의 역할을 경험하도록 할 수 있습니다. 진실성과 존중이 여기에 기여합니다.'
>
> — 인터비전 그룹, 참가자

진행자는 다음과 같은 자질을 요구할 수 있다.
• 진행자는 그룹 작업 경험이 충분하다. 적시에 적절한 개입을 시도할 수 있다. 프로세스의 여러 순간에 시도되는 그들의 개입은 인터

비전의 성공에 도움이 되어야 한다.
- 진행자는 인터비전에 대해 잘 알고 경험이 많으며 다양한 인터비전 방법을 적용하는 데 노련하다.
- 진행자는 모든 단계와 인터비전의 함정, 그리고 이를 예방하는 방법을 잘 안다.

진행자가 되려면 지식과 경험이 있어야 한다. 진행자는 인터비전에 대한 수년간의 경험을 가지고 있으며, 이 분야에서 훈련을 받은 사람이 바람직하다. 진행자로 처음 시작하는 사람은 구조화된 인터비전 방법을 사용하여 경험을 쌓을 수 있다. 또한 판단하기 보다는 질문함으로써 스스로를 훈련할 수 있다.

진행자의 과업

진행자는 다음 과업을 수행한다. 그들은
- 입문 모임을 조직하고, 그룹과 합의문을 작성하고, 전제조건을 논의하고, 실무적인 문제를 처리한다. 6장 전제조건 참조
- 사례 제공자와 사례 토론을 준비한다. 8장 사례와 사례 질문 참조
- 인터비전 방법을 알고 그룹에게 모든 단계를 안내할 수 있다. 5장 인터비전 프로세스의 단계 참조
- 그룹 프로세스 및 학습 프로세스를 촉진시킨다.
- 인터비전 세션 과정에 대한 최종 성찰의 순간을 준비한다. 11장 성찰 참조

도입 모임 준비

입문 모임은 인터비전 세션을 준비하기 위해 진행된다. 이 모임은 인터비전 그룹 참가자들이 만나서 서로를 알아가고 합의할 수 있는 기회를 제공한다. 처음에는 참가자들이 서로에 대해 잘 알지 못하기 때문에 무엇을 기대할 수 있을지 불확실하다. 입문 모임은 인터비전의 성공에 필요한 적절한 분위기, 협력, 접근방식, 학습 분위기를 조성하기 위해 중요하다. 사실, 앞으로 진행될 인터비전 세션의 질을 좌우하는 기준이 바로 여기에서 정해진다.

그룹 전체가 경험이 없거나 일부 참가자들의 경험이 많지 않은 경우 진행자가 먼저 인터비전이 무엇인지 설명한다. 때로 참가자들은 무엇을 기대해야 할지 잘 모르는 상태에서 인터비전 코스를 시작한다. 집단 치료일까? 아니면 업무 회의일까? 안전과 비밀 유지가 필수이며, 모든 참가자가 이것이 어떤 의미를 갖는지 이해해야 한다. 안전하지 못한 그룹, 즉 그룹에서 논의된 내용에 대한 비밀유지를 위반하는 그룹은 인터비전을 계속 진행하지 않는 것이 더 낫다. 피해만 초래할 것이기 때문이다.

입문 모임 의제의 핵심은 각 참가자(진행자 포함)가 인터비전에서 달성하고자 하는 것이 무엇인지, 무엇을 배우고 싶은지, 모임이 얼마나 집중적으로 이루어지기를 원하는지를 정의하는 것이다. 탐구적인 태도가 없으면 탐색할 때 필요한 정도의 깊이에 이르지 못할 것이고, 그러면 인터비전 프로세스가 전문성 개발에 큰 도움이 되지 못할 것이다. 일부 그룹은 피상적으로 업무적으로만 일을 처리하고, 사례를 둘러싼 문제가 사적인 문제로 변질되면 바로 그만두려고 한다. 이런 사람들은 충분히 배우지 못한다.

　인터비전을 선택한다는 것은 무엇을 배우는데 개방적이라는 뜻이기도 하다. 마음을 열 수 없거나 열고 싶지 않은 사람은 참여하지 않고 다른 형태의 학습을 찾는 것이 낫다. 그래서 누가 제대로 된 배움의 욕구를 가지고 있는지 파악하는 것이 중요하다.

　진행자는 반드시 내용, 기대치 및 조직에 대한 합의 사항을 기록하고 이 정보를 참가자들에게 배포해야 한다. 이 문서는 서로가 체결하는 '계약서'로 간주될 수 있다.

사례 제공자와 사례 토론 준비하기

　인터비전 세션에서 한 명의 참가자는 토론할 사례를 하나 제출하는데, 이 사람이 사례 제공자이다. 진행자는 사례 제공자에게 사례의 요점과 사례 질문을 적은 서면 설명지를 보내달라고 요청한다. 그리고 나서 진행자와 사례 제공자는 전화로 사례에 대해 간략하게 논의한다. 이 대화에서 핵심은 사례에 대한 사례 제공자의 질문이다. 진행자는 질문이 너무 일반적이지 않은지'이 상황이라면 어떻게 하시겠어요?', 사례 제공자와 충분히 연결되어 있는지, 왜 이 질문이 개인적인 관심사인지'왜 나는 이런 상황에 계속 처하게 될까요... 어디서 나는... 등 확인한다. 진행자는 이렇게 질문한다. '이 질문이 왜 당신에게 중요한가요?' 또는 '자신에 대해 무엇을 알고 싶으세요?' 하지만, 이 전화 통화가 사적인 인터비전 세션으로 변해서는 안된다. 다음으로 진행자와 사례 제공자는 어떤 인터비전 방법이 그 사례에 가장 적합한지 논의한다.

이 책에는 다양한 인터비전 방법들이 포함되어 있다. 방법들은 구조와 특이성 정도가 다르다. 진행자가 인터비전 안내 및 선택한 방법에 대한 경험이 충분한 것이 중요하다. 방법 선택기12장 참조가 선택에 도움을 줄 수 있다. 이제 진행자가 참가자들을 다음 인터비전 세션에 초대한다. 이 초대장에는 언제 어디서 열릴지가 적혀 있다. 진행자는 필요 물품들플립 차트 등을 준비한다. 사례 제공자는 사례 설명지, 사례 질문, 선택한 방법을 참가자들에게 보낸다.

인터비전 방법을 알고 그룹 안내하기

진행자는 사례 제공자가 적절한 인터비전 방법을 선택하도록 할 책임이 있다. 이를 위해 방법 선택기에게 문의하는 것이 유용할 수 있다. 진행자는 선택한 방법에 대한 경험이 있고, 방법을 실행하는 과정 전반에 그룹을 안내할 준비가 잘 되어 있다. 그들은 다양한 단계에서 어떤 개입을 해야 할지 알고 있고, 그룹에서 발생하는 불안감에 대해 경계를 늦추지 않는다. 그들은 시간을 관리하고 세션의 결과와 사례 제공자의 통찰, 참가자들이 얻은 통찰에 대해 그룹이 성찰하는 순간으로 사례 토론을 끝낸다.

진행자가 특정 방법에 익숙하지 않아서 알고 싶다면, 이미 그 방법을 사용하고 있는 다른 그룹과 팀을 이루어 보조 진행자shadow facilitator로 활동할 수도 있다. 다른 그룹의 진행자가 보조 진행자를 실험삼아 해 보기를 제안할 수도 있다. 사례 제공자 뿐 아니라 두 그룹 다 사전에 이에 동의해야 한다.

그룹 프로세스 촉진시키기

가장 중요한 과제 중 하나는 그룹 프로세스를 촉진시키는 것이다. 인터비전 동안 참가자들은 서로에게서 배우고 서로에게 묻는 질문에서 배운다. 그리고 인터비전 방법을 올바른 방식으로 사용함으로써 배운다. 진행자는 반드시 이 과정이 원활하게 진행되도록 해야 한다. 감정이 개입될 수 있으므로 진행자는 이를 다룰 수 있어야 한다.

그룹 프로세스 촉진하기에는 다음이 포함된다.
- 상호 비밀 보호하기
- 참가자가 사례제공자의 행동, 전문적 견해, 개인적 가치에 대해 개방적이고 건설적인 질문을 하도록 장려하기
- 사려 깊은 피드백을 보호하기
- 사례 제공자와 참가자가 '우리가 올바른 방향으로 가고 있다'고 느끼는지 주기적으로 확인하기
- 함정 피하기10장 참조
- 반드시 모든 사람이 적극적으로 참여할 수 있는 공간을 확보하고 참가자들이 다른 사람들에게 간과되고 있다는 느낌을 받지 않도록 하기
- 혼란스러운 상황이 발생하면 즉시 처리하기. 특정 구성원이 참여를 중단하거나, 그룹 구성원이 지루해 하거나 짜증을 내거나 다른 이유로 집중하기 않는 경우 세션이 방해받을 수 있다.
- 반드시 사후 관리 하기. 필요할 경우, 그 다음날 사례 제공자에게 사례 토론에 대해 묻고 이에 대해 이야기하도록 초대하기

인터비전 코스에 대한 마지막 성찰 세션 준비하기

진행자는 그룹과 함께 인터비전 코스를 마무리하는 마지막 성찰 세션을 준비한다. 여기서 핵심은 참가자들의 발전이고, 어떻게 하면 인터비전을 전문성 향상을 위한 도구로 사용할 수 있는가 하는 것이다.

4. 참관인 (선택 사항)

참관인 사용은 선택 사항이다. 참관인은 사례 토론에서 정해진 역할이 아니다. 참관인은 사례 제공자에게 특정 행동에 대한 추가 정보를 제공할 수 있다. 사례 제공자는 참관인에게 그들이 사례 토론에 어떻게 반응하는지, 어떤 유형의 질문을 하는지, 사례 제공자가 참가자들과 어떤 종류의 접촉을 하는지 등 특정 측면에 주의를 기울여 달라고 요청할 수 있다.

참관인은 진행자, 참가자 또는 전체 그룹 프로세스를 볼 수도 있다. 참관인은 질문을 하는 참가자가 활동 중인 원 바깥쪽, 그룹의 외부 원에 위치한다. 이들은 대화의 일부가 아니며, 나중에 피드백을 한다. 그룹이 충분히 안전하다고 느끼면, 그룹 외부의 참관인들도 참여하도록 요청할 수 있다.

참관인은
- 특정 과제에 집중하여 관찰한다.
- 특정 행동과 비언어적 정보를 주시한다.

- 사례 토론에 적극적으로 참여하지 않는다.
- 나중에 피드백을 한다.

역량

인터비전의 역할이 제대로 수행되면 아래에 언급된 역량이 건설적인 역할을 할 수 있다. 역량은 성공적인 행동으로 표현되는 특정한 개인의 자질이다. 많은 역량이 있지만, 아래에 나열된 개요는 몇 가지 관련 주제별로 나눈 가이드에 불과하다. 목록 끝에 있는 역량은 진행자의 역할에 특히 도움이 될 수 있다.

사람들은 직장 생활을 하면서 자신의 역량을 개발한다. 누군가가 적극적인 경청 기술을 향상시키는 방법을 배우고 싶을 때와 같이, 그룹의 인터비전 프로세스에서 개인적인 목표를 논할 때 역량은 도움이 될 수 있다.

분석과 결정하기

- **학습 능력.** 새로운 정보와 아이디어를 빠르게 받아들이고, 효과적으로 처리하고 사용할 수 있다.
- **공감.** 다른 사람들의 감정, 태도 또는 사고 패턴에 주의를 기울이고 이해한다.
- **비판적 사고.** 다른 사람들로부터 독립적으로 정보를 분석하고 판단할 수 있다.
- **조직 감수성.** 조직 내 사람들의 결정, 관계, 행동이 미치는 영향과 결과에 대한 통찰이 있다.

소통
- **경청**. 대화시 중요한 메시지를 포착하고, 주의를 기울이며, 상대방에게 시간을 할애할 수 있다.
- **대인관계 감수성**. 나의 행동은 다른 사람의 감정과 필요를 인식하고 있다는 증거다. 나는 타인에 대해 공감하고, 내 행동이 타인에게 미치는 영향을 의식한다.
- **소통하기**. 메시지의 핵심을 분명하게 전달하여 이해할 수 있도록 할 수 있다.
- **피드백 받기**. 나의 행동에 대해 설명하는 다른 사람들에게 개방적이어서 그들로부터 배울 수 있다.
- **팀워크**. 나의 자질과 다른 사람의 자질을 균형있게 조정하고 그룹의 이익을 공유함으로써 공동의 목표에 기여하고 헌신한다.

개인적인 행동
- **용기**. 특정 혜택을 얻기 위해 위험을 감수할 것이다.
- **독립성**. 다른 사람들의 영향을 받지 않고 자신의 의견을 갖고 판단을 내린다. 나의 의견과 판단을 가지고 다른 사람들과 맞설 준비가 되어 있다.
- **자기성찰**. 거울을 보며 내가 일하는 방식, 내가 선택하는 것들, 그리고 이를 개선할 수 있는 기회에 대해 생각할 수 있다.

동기부여
- **자질 중심적**. 끊임없이 나의 업무에서 개선을 목표로 하고 스스로에

게 강하게 요구한다.
- **진실성.** 유혹이나 압박이 클 때에도 내 업무에서 지켜야 할 사회적, 윤리적 가치와 규범을 유지한다.
- **목표 지향적.** 문제와 좌절, 방해, 혼란에도 불구하고 조치를 취하고, 결정을 내리며, 목표를 달성하는데 집중한다.
- **자기개발.** 나 자신의 전문성 개발에 대한 통찰을 얻고 이에 관련하여 행동을 취한다.

진행자의 역량
- **리더십.** 목표를 세우고, 조건전제조건을 설정하고, 사람들에게 동기를 부여함으로써 방향과 지침을 제시한다.
- **대화기술.** 목표에 효과적으로 도달할 수 있도록 대화를 구성하고 개입할 수 있다.
- **유연성.** 쉽게 적응하고, 변화하는 환경에 적응할 수 있다.

8장 • 사례 및 사례 질문

무엇이 좋은 사례인가? 사례 설명은 사례 제공자가 특정 상황에서 수행하는 역할에 중점을 둔다. 사례는 최근 발생했거나 가까운 장래에 발생할 것이다. 사례 제공자는 상황을 퍼즐이라 여기고 이에 대한 통찰을 얻고 싶어 한다. 퍼즐은 '어떻게 하면 이런 일을 피할 수 있을까, 다시는 겪고 싶지 않아.'처럼 어렵거나 복잡한 퍼즐일 수도 있고, '이번 일은 정말 잘 끝났으니 어떻게 하면 이것을 다시 할 수 있을까?' 처럼 긍정적인 퍼즐일 수도 있다.

사례 질문 작성하기

사례는 사례 제공자가 사례 토론을 위해 궁금한 점이 있는 상황을 다룬다. 그들은 '내 질문은 ____ 입니다'라고 사례 질문을 표현함으로써 설명을 마친다. 이 질문에는 개인적인 관점이 담겨 있다. '어떻게 하면 이 협업에 더 건설적으로 기여할 수 있을까요?' 사례 제공자가 자신을 개선하고 싶어한다고 가정할 수 있다. 그래서 '어떻게 하면 다른 사람들이 협업에 더 기여할 수 있을까요?'와 같은 질문은 사례 질문으로 적합한 질문이 아니다. 그다지 개인적이지 않기 때문이다. 진행자는 인터비전 세션 중에 사례 제공자가 선택한 질문에 대해 논의한다.

사례 질문은 작성하기 어려울 수 있다. 사례 제공자가 사례의 내용이 정확히 무엇인지 파악하기까지 시간이 걸릴 수 있다. 진행자가 사례 제공자의 입에 질문을 넣어주거나 제안하지 않는 것이 중요하다. 질문을 표현하는 것 또한 그 자체로 배움의 순간인 것이다.

질문은 사례 제공자에게 집중적으로 탐색할 정보를 제공한다. 질문이 인터비전 프로세스를 주도한다. 사례 자체상황는 사례 질문을 구체화하고 이를 유지하기 위한 도구일 뿐이다.

경험이 없는 그룹의 경우, 진행자는 인터비전 세션 중에 질문 작성이 이루어지도록 선택할 수 있다. 그러면 모든 참가자들이 사례 질문 작성하는 방법을 배우게 될 것이다. 이를 위해 인터비전 세션에서 약간의 추가 시간을 계획할 필요가 있다. 경험있는 그룹의 경우라면 그럴 필요가 없다.

질문을 재작성하기

사례 제공자의 질문은 사례 토론 과정에서 얻은 통찰을 통해 또 다른 관점을 얻을 수 있다. 그래서, 예를 들면, 질문의 초점이 이동한다. 따라서 진행자는 사례 질문이 사례 제공자에게 여전히 적절한지, 또는 어떤 식으로든 재작성하고 싶은지 주기적으로 확인해야 한다. 사례 제공자가 자신의 사례를 수정하면, 새 질문이 주도권을 이어받게 된다.

사례

사례는
- 최근 발생했거나 곧 발생할 것이다.
- 업무와 관련이 있다.
- 사례 제공자에게 퍼즐 같은 것이다.
- 사례 제공자에게 배울 수 있는 기회를 제공한다.
- 사례 제공자가 활동중인 경우이다.

아래 나열된 질문은 사례 설명과 질문을 준비하는 데 도움이 될 수 있다.

- 사례의 특징은 무엇인가?
  - 무엇에 대한 것인가?
  - 상황을 어떻게 설명할 것인가?
  - 역할은 무엇이며, 달성했거나 달성하고 싶은 것은 무엇인가?
  - 무엇이 필요한가?
- 무엇을 달성하고 싶은가?
  - 의도한 결과는 무엇인가?
  - 자신에게 무엇을 기대하였나?
  - 다른 사람들에게 무엇을 기대하였나?
  - 어떤 책임을 맡았나?
- 어떤 역할을 했나?
  - 어떤 일을 했나?
  - 정확히 무엇을 했나?
  - 결과는 어떠했나?
  - 어떤 생각, 어떤 느낌이 들었나?
  - 장점과 단점은 무엇인가?
  - 어려움과 장애물은 무엇인가?
- 사례를 논함으로써 무엇을 달성하고 싶은가?
  - 인터비전 그룹에게 사례에 대해 어떤 질문을 하고 싶은가?
  - 문제를 적을 때 '나의 질문은 _____ 입니다' 라고 쓸 수 있

다. 사례 제공자는 어떤 식으로든 바꾸고 싶은 것이 무엇인지에 대한 질문의 중심에 서 있다. 예를 들어, '어떻게 하면 내 동료들과 더 잘 일할 수 있을까? 왜 나는 스트레스 상황에서 그렇게 불안하게 반응하는가? 왜 나는 항상 이런 상황에서 같은 방식으로 행동할까?'

9장 • 어떤 질문을 할 것인가?

뭔가 성취하길 원한다면 좋은 질문을 할 수 있는 것이 도움이 된다. 대답은 일을 끝내고 과정을 차단시키며 행동을 마무리하고 종종 사건을 멈추게 한다. 그러나 질문은 문제에 대해 주목하게 하고, 에너지를 활성화시키며 행동으로 이끌고 일을 시작하게 한다.

인터비전에서는 질문하기가 중심이다. 사례 제공자에게 질문한다는 것은 그에게 뭔가 생각하게 하고 새로운 선택을 고려하게 자극을 준다. 질문은 확장시킬 수 있고 때때로 축소시킬 수도 있다. '미래 기회에 대해 당신은 무엇을 생각하나요?'와 같은 질문은 당신에게 미래를 탐구하도록 도전한다. '요즘에는 당신이 생각하기에 자영업자가 되는 것과 임금을 받는 취업자가 되는 것 가운데 무엇이 더 나을까요?'와 같은 질문은 사실상 일을 배제한다. 우리는 질문을 받을 때보다 우리가 질문할 때 효과가 다름을 느낀다. 어떤 질문은 당신에게 무엇인가를 하게 하고, 다른 것은 집중력을 높여 주며, 당신에게 도전을 주거나 심지어 불편하게 만들기도 한다.

인터비전에서 사례 제공자가 자신의 이슈를 명료히 파악할 수 있도록 돕기 위해 질문해 주기를 원할 때, 던지는 질문에 대해 주의깊게 생각하는 것이 중요하다. 질문은 사례 제공자에게 의미있어야 하는 것이지 그것을 묻는 자에게나 다른 참여자에게 의미있어야 하는 것은 아니다. 질문은 사안에 관련되어야 하고 사례 제공자의 인식과 스타일에 관련이 있어야 한다. 참여자에 대한 도전은 서로의 질문과 연결되는 것 그리고 자신의 사고 과정을 내려놓는 것이다. 당신이 일련의 질문을 염두에 두고 있다가 완전히 다른 질문을 하는 동료에 의해 방해받을 때, 이것은 당신 자신으로부터 대화를 완전히 다른 방향으로 돌려놓은 경우가 있지 않았던가?

인터비전에서 모든 주목은 완전히 사례 제공자를 향해 있어야 한다. 질문을 하는 이가 그 던져진 질문으로부터 유익함을 얻는 것은 별 관련성이 없다. 또한 참여자들이 사례를 '아는' 것이 꼭 필요한 것도 아니다. '당신의 다음 단계는 무엇일까요?'와 같은 질문은 사례에 대한 어떤 지식이 꼭 실제로 중요하지는 않다. 중요한 것은 질문이 당신에게 생각하도록 만든다는 것이다.

바꾸어 말하자면, 사례 제공자가 질문을 할 때, 그는 그 질문을 통해 뭔가에 대해 생각할 공간을 얻는다. 그것은 그를 개방시키고 아마도 전에는 가져보지 못했던 관점을 제공해 준다. 사례 제공자는 그가 무엇을 개방할지 어떤 견해를 사용할지, 그리고 그가 받은 질문으로부터 어느 부분을 강조할지를 결정한다. 좋은 질문은 닫혀있지 않고 열려 있으며open-ended 건설적constructive이다. 그것은 사례 제공자 내부의 무언가가 움직이게 만든다. 그것의 유용성은 질문의 건설적인 특질로부터 결정되는 것이지 그것이 얼마나 지성적인지 혹은 얼마나 시적으로 표현되는지에 의해 결정되는 것은 아니다.

> "세션을 진행하는 동안 저는 항상 실무 전문가로서 질문만 하고 다른 의견을 제시하지 않도록 제한하는 것이 얼마나 많은 자제력을 필요로 하는지 깨닫게 됩니다. 그리고 이는 지속적으로 나 자신에게 행해지고 있습니다. 이 방법은 제가 그러한 행동을 구축하게 도움을 주며, 제 생각에 전문적 깊이와 인터비전의 질을 높여줍니다. 저는 한 방법을 선택해서 엄격하게 적용하는 것이 아니라 인터비전으로부터 최선을 얻기 위한 한 지침a guideline으로 삼아 적용하는 것이 중요하다고 생각합니다."
>
> – 인터비전 그룹, 참가자

인터비전에는 완전한 질문이나 항상 유효하게 작동하는 질문이 있는 것은 아니다. 이는 사례 제공자와 상황에 의존한다. 사례 제공자만이 질문이 진실로 도움이 되는지 아닌지를 결정한다. 질문을 한다는 것은 추측하는 게임이 아니다. 심지어 "우리가 아직 묻지 않은 질문은 무엇인가?"라는 질문도 할 수 있다. "당신이 생각하기에 무엇이 좋은 질문인가?"와 같은 질문도 물어질 수 있다. 두 질문 다 사례 제공자에게 자기 자신의 상황에 대해 생각하게 하며, 이것이 가장 중요한 것이다.

사례 제공자가 쓰는 언어에 가까이 머물러 있는 것이 좋다. 그래야 질문을 알아볼 기회를 높인다. 그가 사용하는 문장의 일부를 반복하거나 그가 말한 단어와 연결하는 것은 그가 질문이 도움이 되는 것을 알아볼 기회를 높여준다.

> **효과적인 질문들**
>
> 다음과 같은 경우 질문들은 효과적이다.
> - 간단하고, 명료하며, 그리고 열려 있다(open-ended)
> - 적절한 시간에 묻는다.
> - 사례 제공자가 도움이 될 거라고 여긴다(확인).
> - 이것이 사례 제공자에게 더 많은 통찰을 줄 수 있는지 다시 묻는다.
> - 열려 있고 안전한 환경에서 묻는다.
> - 사례 제공자가 질문에 대해 생각하거나 명료화를 요청하는 시간을 갖는다.

질문의 범주들(categories)

인터비전에서 우리는 일반적으로 사례 토론 동안에 두 종류의 질문에 초점을 둔다.
- 그 사례질문에 있어 사례 제공자의 역할을 명료히 하기 위한 명료화 및 영감을 불러일으키는 질문들
- 사례 제공자가 통찰을 얻도록 지원하는 건설적인 질문들

이 두 가지 외에도 인터비전 과정에서 질문이 수행하는 역할과 관련하여 특히 유용한 다른 범주에 대해서도 언급한다.

명료화 질문들

명료화 질문은 사례 제공자에게 사례를 명확하게 파악할 수 있도록 하기 위해 묻는다. 이는 사실, 의견, 목표나 자원에 대한 질문일 수 있다. 예를 들어, 중요할 수 있는 자신의 이야기의 일부를 말한 적이

없기 때문에 명료화는 사례제공자에게 적절할 수 있다. 진행자는 누구도 '호기심어린 질문들'을 묻지 않도록 확실히 해야 한다: 이 질문들은 사례 제공자가 이미 알고 사례에 대한 새로운 통찰을 얻는 데 관련이 없는 정보를 추출하는 질문들이다. 예를 들면, "회사는 얼마나 큰가?", 혹은 "프로젝트는 언제 시작되었는가?" 등이다.

영감을 주는 질문들

영감을 주는 질문들은 더 깊은 탐구조사를 장려한다. 그것들은 사례 제공자에게 자기 상황에 대해 생각하게 만든다.

영감을 주는 질문을 위한 제안:
- 당신은 그것에 대해 무엇을 더 말해 줄 수 있는가?
- 당신의 역할에 대해 어떻게 설명하겠는가?
- 사실은 무엇인가?
- 당신의 목표는 무엇인가?
- 당신의 공동작업자는 어떤 목표들을 추구하고 있는가?
- 당신은 어떤 단계를 밟았고, 인터비전의 결과는 무엇이었는가?
- 방해하거나 또는 촉진하는 요인들은 무엇인가?
- 아직 하지 않은 것은 무엇인가?
- 상황에 대한 당신의 의견은 무엇인가?
- 어떤 조건들이 필수적인가?
- 사례의 주제를 어떻게 구성하겠는가?
- 인터비전은 당신이 …하도록 어떻게 도울까?
- 어떤 가치를 그 상황에 추가할 것인가?
- 어떤 단계들을 당신은 여전히 취하고 싶은가?

도움이 되는 질문들

도움이 되는 질문들은 사례 제공자가 자기 사안을 다루는 데 도움을 준다. 질문들은 사례 제공자에게 그가 아직 가보지 않은 길을 탐구할 기회를 준다. "무엇이 당신의 야망을 보여주는가?"와 같은 질문은 자극을 줄 수 있다. 혹은 "당신의 입장에서는 무엇이 성공적인 미래일 것인가?"라고 미래를 겨냥할 수도 있다. 혹은, "당신의 프로젝트를 위한 기회를 어디서 발견할 수 있을까요?"라고 물어 안내할 수도 있다. 혹은 "사례에서 당신 자신의 역할을 어떻게 보시나요?"라고 성찰적인 질문을 할 수도 있다.

도움되는 질문들은 놀라움을 줄 수 있다. 때때로 질문은 효과가 있기도 하고 때때로 그것은 효과가 없을 수도 있다. 사례 제공자에게 완전히 집중하는 것은 선하고 건설적인 질문을 하기 위해 필요하다. 그들의 이슈는 무엇인가, 무엇이 그들을 바쁘게 하는가, 그들이 뭐라고 말하는 것을 내가 들을 수 있는가, 그리고 그들은 무엇을 비언어적으로 말하고 있는가? 도움되는 질문들은 당신으로 하여금 사례 제공자에게 초점을 맞추고 당신 자신의 사고 과정에 초점두지 않기를 요구한다. 사례 제공자는 질문이 도움이 되는지 아닌지 가르쳐줄 사람이다.

도움되는 질문 방식들은방법 7 참조 당신으로 하여금 인터비전에서 질문하기의 효과를 실습하게 한다. 다른 방법들 중에서 참여자들이 인터비전 세션에서 사용할 질문들 혹은 그들에게 영감을 줄 수 있는 질문 예시들이 있기도 하다.

도움이 되는 질문을 위한 제안들

- 당신의 직관이 말하는 것은 무엇인가?
- 이것은 당신에게 무엇을 의미하는가?
- 만일 _____ 이라면 그것은 무엇처럼 보이는가?
- _____ 에 대한 대안은 무엇인가?
- 그 외 무엇을 할 수 있겠는가, 그리고 그다음에는, 그리고 그 다음에는?
- 당신을 위해 그것은 어떤 이점이 있는가?
- 어떤 인식을 당신은 갖고 싶은가?
- 일이 다르게 되어갔을 때에 관해 말해 주세요.
- 당신을 위해 그것은 무엇을 했는가?
- _____ 의 어떤 점이 마음에 드는가?
- 앞으로의 포부는 무엇인가?
- 오직 _____ 뿐이라면 무엇이 가능하겠는가?
- _____ 하기 위해 당신은 어떤 특질들을 가져왔는가?
- 하기를 고려했지만 사실상 하지 않았던 것은 무엇인가?
- 이상적인 것은 무엇인가?
- 기회는 어디에 있는가?
- 무엇이 이것을 도전으로 보게 만드는가?
- 다른 이들은 당신의 특질들에 어떻게 경험하는가?
- 그것을 다시 했다면 무엇처럼 보이겠는가?
- 언제 신이 났는가?
- 언제 당신의 한계에 도달했고 그것은 무엇처럼 보였는가?
- 누가 당신을 도울 것이라 기대하는가?
- 무언가를 시작하려 했던 때는 언제인가?
- 무엇이 당신을 멈추게 하고 있는가?
- 이 상황에서 당신을 영웅으로 만들 것은 무엇인가?
- 당신이 취할 수 있는 가장 작은 단계는 무엇인가?
- 결코 당신에게 하지 않기를 원하는 질문은 무엇인가?
- 다른 이들로부터 어떤 피드백을 받는가?
- 당신이 보기엔 사례 질문의 핵심은 무엇인가?

- 당신 주변/환경으로부터 필요한 것은 무엇인가?
- 당신은 어떤 책임을 맡았는가?
- 어떤 목표를 목표로 하고 있는가?
- 무엇이 필요한가?
- 무엇이 장애물처럼 느껴졌는가?
- 그것에 대해 좀더 하고 싶은 것은 무엇인가?

열린 질문 그리고 닫힌 질문들

인터비전에서 초점은 주로 열린 질문이다. 이는 당신이 단순히 예, 아니오로 대답할 수 없다. 당신은 이 질문에 관해 생각을 해야 한다. 사례 제공자는 그가 자신의 사고 과정이 나아가기 원하는 방향을 결정한다. "당신의 작업량을 그럭저럭 맞추어왔나요?"와 같은 닫힌 질문은 "당신은 어떻게 작업량을 맞추었나요?"와 같은 질문과는 다른 정보를 준다. 차이는 작을 수 있으나 미치는 영향은 크다. "당신의 고객은 당신을 지원해야 한다고 생각하나요, 그렇지 않다고 생각하나요?"는 일을 배제해 버린다. "당신의 고객이 여기서 무엇을 해야 한다고 생각하나요?"는 다른 사고과정 또는 새로운 사고방식을 자극한다.

닫힌 질문은 일상적으로는 사례 제공자의 견해 대신에 질문하는 사람의 견해에서 비롯된 가정을 검토하는 데 일상적으로 사용되기는 하지만, 때로는 효과적일 수 있다. '복잡한 업무를 하는 것을 좋아하나요 안 좋아하나요? 당신은 프로젝트에 관한 책임을 맡기를 원하나요? 혹은 '당신은 토론 파트너의 의견에 동의했나요?' 이런 질문에 대한 대답은 배제를 요구한다. 거기서 당신은 두 답변 사이에 선택을 해야만 한다. 반면에 이 질문에 대해 단순히 예 혹은 아니오 보다 더 많은 선택들이 있을 수도 있는 것이다.

암시적인suggestive 질문

피해야 할 질문들은 해석을 끌어내오고, 암시적인 질문을 하거나 혹은 질문의 형태로 판단을 부여하는 질문들이다.: '당신이 이에 대해 충분한 경험이 없을 수도 있다고 동의 안 하시나요?' 이와 같은 질문은 건설적이지 않으며, 오히려 답하는 사람보다 질문하는 사람에 대해 더 많은 것을 말한다.

호기심의 질문

경험적으로 볼 때, 많은 인터비젼 참여자들은 사례 토론의 초기 국면에서는 사실적인 질문을 한다. 그들은 사안의 내용에 대해 좀더 알기 원한다. '고객은 상황에 대해 무엇이라고 말했나요, 팀은 얼마나 크죠, 혹은 당신이 개입한 결과는 어떠했나요?' 우리는 이것들을 호기심의 질문이라 말한다. 왜냐하면 사례 제공자는 이 정보를 이미 알고 있고 그것에 대해 말하는 것은 그에게 어떤 새로운 정보도 주지 않기 때문이다. 이 질문들은 순전히 질문을 하는 이의 필요들을 만족하기 위한 것이다. 이것의 부산물은 그 순간에 사례 제공자에게 초점을 두지 않고, 참여자의 정보를 얻고자 하는 자기 필요에 더 초점을 둔다는 점이다. 그래서 사례 제공자는 여기서 전혀 도움받지 못한다.

진행자는 가능한 호기심의 질문이 없도록 해야 한다. 사례를 토론하기 위해 내용에 대해 많이 알 필요는 없다. 도움을 주는 질문은 사례 제공자를 향해 있다.: '당신에게 할당된 고객을 위한 효과적인 역할은 무엇이 있을 수 있을까, 이 상황에서 팀은 어떤 역할을 할 수 있을까, 어떤 결과를 당신은 성취하고자 하는가 그리고 어떤 개입이 이것과 잘 맞을까?'

숨겨진 조언 질문

참여자들은 종종 사례에서 스스로를 인식하고 사례 제공자에 대한 최선의 의도를 지닐 수 있다. 그들은 사례 제공자에게 자신의 질문으로 도움을 주기 원한다. 그들 자신의 경험과 제안이 무의식적으로 질문으로 표현될 수 있다. 그러면 질문은 숨은 조언을 포함할 수 있다.

진행자는 참여자들이 선의의, 어정쩡한 충고나 팁을 주지 않도록 해야 한다. 왜냐하면 인터비전에서는 사례 제공자가 스스로 자신의 조치를 찾아내기 때문이다. 더 이전 상황에서 유래된 누군가의 조언은 확실히 가치가 있을 수 있으나 그것은 사례 제공자의 숨은 동인이 아니라 그들 자신의 숨은 동인에 근거하고 있을 수 있기 때문이다. 그런 질문은 다음과 같다. '이것이 …한 좋은 아이디어라고 생각하시나요?' 혹은, '…라고 생각하시지는 않나요?'는 누군가에게 탐구할 공간을 주기 보다는 어떤 방향으로 몰고 가기 쉽다.

왜 질문

참여자는 사례 제공자가 어떤 개입을 했거나 안 했는지 그 이유를 물을 수 있다. 이를테면, '당신는 어째서 …를 시도하지 않았나요? 왜 당신은 그와 같이 프로젝트 구성원을 움직였나요? 혹은 어째서 당신은 그와 같이 접근했나요?'와 같은 질문들은 사례 제공자로 하여금 방어적으로 느끼게 만든다. 왜 질문은 그들로 하여금 스스로를 정당화시켜야 하고 자신이 인터비전에 맞지 않는다고 느끼게 만든다. 진행자는 이런 질문들이 나오지 않도록 하거나 질문의 방향을 돌려야 한다. 예: '이걸 시도하는 것을 무엇이 막았나요, 당신이 프로젝트를 주도한 방법의 결과들은 무엇인가요, 다른 사람의 견해와는 다른 당신의 접근방식의 경우 무엇이 성공적이었나요?'

옳은 질문

인터비전에서는 옳은 질문은 없다. 어리석은 질문도 따라서 없다. 모든 질문은 그것이 그 시간에 과정 속으로 적응해 들어간다면 물을 가치가 있고 사례 제공자에게 주목하고 있으면 된다. 그들은 질문이 자신들의 사고 과정에 그 순간 도움이 되는지 여부를 결정한다. 이전에 질문했으나 도움을 주지 못했던 질문이 나중에 사례 토론에서 도움이 될 수도 있다.

10장 • 함정들

숙련된 진행자의 안내에 따라 인터비전 방법의 단계를 따른다면 사례 기반의 능동적 학습은 비교적 간단하다. 하지만 효과적인 인터비전을 방해할 수 있는 함정은 충분히 많다. 여기에서는 참가자 개인이나 그룹이 빠지지 않도록 가장 중요한 함정에 대해 설명한다.

사례 제공자에게 도움이 되지 않는 질문하기

참여자의 역할에서 중요한 요소는 건설적인 질문을 하는 것이다. 인터비전의 핵심은 사례 제공자가 사례와 자신의 관계에 대한 통찰력을 얻는 데 도움이 되는 질문을 하는 것이다. 도움이 되지 않는 질문은 사례 제공자에게도 도움이 되지 않는다.

도움이 되는 질문들은 거의 항상 열려 있고, 제안이나 조언의 형태를 취하지 않는다. 그러므로 "내가 당신이라면, 나는 가서 이 사람에게 말할 것이다"가 아니라 "이 사람과 연결하기 위해 어떤 효과적인 기회를 찾을 수 있을까요?"이다. 사례 제공자가 질문이 도움이 되는지 아닌지 결정하는 사람이다. 그룹은 질문의 질에 대해 함께 책임지고 이것을 서로 확인한다. 진행자는 질문들이 통찰을 얻는 데 도움이 되는지 알아보기 위해 사례 제공자와 함께 검토할 수 있다.

우리가 그것 모두를 너무 잘 알기 때문에 우리 자신의 의견 제시하기

사례 제공자가 자기 사례를 설명할 때 많은 전문가들은 스스로 그 모든 것에 대해 알고 있다고 생각한다. 참여자들은 곧 그 사례의 방법과 이유에 관한 생각과 의견을 형성한다. 그들의 판단과 제안은 그들의 질문을 통해 드러나며, 그들은 사례 제공자에게 한두 조언을 하려는 경향을 지니고 있다. "당신의 문제가 ___이라는 것을 당신은 아시나요?" "나는 당신을 알고 있어요 그래서 말인데 당신은 아마도 ___을 해야만 해요." 사례 제공자는 이러한 질문을 통해 나타나는 판단을 볼 수 있고 의식적으로나 무의식적으로 스스로를 방어하게 될 것이다. 마찬가지로 사실상 조언이 뒤따를 때, 사례 제공자는 생각하게 만드는 질문에 의해 영감을 받는 대신에 자신의 저항을 관리하는 데 시간을 더 많이 보낼 것이다. 조언을 한다는 것은 도움이 되지 않는다. 왜냐하면 사례 제공자는 참여자들과 다른 동기를 지니고 있기 때문이다. 열린 마음과 탐구하면서 도움이 되고자 하는 태도를 지니는 것이 도움이 된다. 참여자들은 자기 자신의 규범을 뒤로 내려놓고 사례 제공자의 통찰을 돕는 데 자신을 맡기려고 노력해야 한다.

장기 자랑: 당신의 지식을 보여주기 위해 기발한 질문하기

때때로 우리는 참여자들이 사례 제공자를 지원하는 대신 누가 가장 현명한지를 서로 보여주는 데 시간을 보내는 것을 본다. 그들은 자신이 한 질문이 다른 참여자들의 질문보다 더 사례 제공자에게 도움을 주는 것처럼 보이면 기분이 좋아진다. 사례에 관련된 어떤 주제에 대해 자신의 현명한 지식이나 경험을 과시하기 원하는 몇몇 참여자들도 있다. 그들은 사례 제공자보다는 자기 자신에게 집중한다. 이런 일은 항상 의식적으로 일어나는 것은 아니다. 때때로 어떤 지식을 과시하는 것은 관심 참여자의 작업 방식에 심어져 있고 의도적인 것은 아닌 경우도 있다. 이런 일이 일어난다면, 누가 가장 재치가 있는지를 보아서가 아니라 질문함으로써 사례 제공자를 지원해야 함을 참여자들에게 지적해야 할 의무는 진행자에게 있다.

사례 제공자 심리 분석하기

누군가 사례를 제출하면, 토론은 정신분석으로 흘러갈 수 있다. 참여자들이 사례 제공자의 인격에 대한 것들을 말하기 시작하면 이런 일이 일어난다. 때때로 이것이 그들에게 꼬리표를 준다: '피터, 당신은 항상 고객에게 말할 때 너무 직설적이야. 그게 네가 행하는 방식이야.' 혹은 '로버트는 그 주변의 민감한 것에 대해 자각하지 못하고 있어요.'라고 말하기도 한다. 때때로 이것은 전체 그룹으로 하여금 사례 제공자의 가정된 문제를 정신분석하는데로 이어지기도 한다. 분명히 이런 것은 사례 제공자에게 도움이 되지 않는다. 애초에 대부분의 인터비전 참여자들은 심리학의 전문가들이 아니고 그런 분석은 자생적 homegrown-이는 비전문가가 자신의 경험이나 직관을 이용해 분석을 한다는 것을 의미한다-번역자주일 뿐이다. 하지만 더 큰 문제는 사례 제공자가 이런 종류의 분석에 저항하고 사례로부터 배움을 중단한다는 점이다. 사례 제공자는 그것이 불쾌감을 주는 것을 발견하게 되어 개방성과 그룹에서 안전함에 대한 감각을 떨어뜨리는 것을 알게 된다. 진행자는 인터비전에서는 참여자들이 해석 없이 머물러야 함을 확실히 해야 한다.

방법의 변화가 없음

사례들은 사례 제공자만큼 다양하다. 그룹이 항상 같은 인터비전 방법으로 전체 시간을 작업한다면, 어떤 이슈들은 적절히 적용되지 않을 수도 있다. 인터비전 세션은 적용되는 인터비전 방법들을 다양하게 함으로부터 유익함을 얻는다. 새롭거나 다른 방법으로 작업한다는 것은 당신이 사례를 다룰 때 강조점이 달라진다는 것을 의미한다. 이것은 통찰의 변화로 이어질 수 있다. 항상 한 방법으로 작업하는 그룹은 기회를 놓치게 된다.

> '학습의 흥미로운 부분은 서로 다른 인터비전 방법으로 작업하는 것이다. 특히 원하지 않는 방법으로 작업하면 내용뿐만 아니라 작업하는 도구가 새로운 지식과 통찰력을 제공하게 되는 일종의 메타 학습으로 이어진다.'
>
> — 인터비전 그룹, 참가자

정리나 잡담으로 피하기

인터비전은 종종 사례 제공자에게 긴장감을 줄 수 있다. 그들은 일이 기대한 대로 되지 않는 사례를 그룹으로 가져가기 위해 확신과 안전함을 느껴야 한다. 또한 그들은 자신이 알지 못했거나 불확실하다고 느낀 분야에 대한 통찰을 얻기도 한다. 개인적인 견해를 토론하는 것은 사례 제공자의 속내를 드러내는 것으로 들어가기 때문에 참여자들도 불편해지게 된다. 사람들은 가끔 '지금 너무 긴장되고 있어요.

기분을 좀 풉시다.'라고 말하기도 한다. 통찰을 얻는 것은 사례 제공자에겐 힘든 작업임을 의미하고 참여자들은 이것을 돕는 것이다. 오락을 추구하거나 정리하는 쪽으로 피하는 것은 의도한 목표가 아니기 때문에 방해가 될 수 있다.

사례 제공자에 관해 생각하기로 도약하는 대신에 사례 추론을 하는 데 머물러 있는 것이 더 안전하다고 느낄 수도 있다. 직속 동료 그룹에서는 당신이 자동적으로 강하게 비판하지 못할 거라는 것은 당연하다. 진행자는 이 점을 알고 있어야 한다. 인터비전이 업무 회의작업 모임로 전환되는 이유는 충분히 많다. 하지만, 다시 말하자면 이것은 일반적인 생각은 아니다. 진행자는 세션이 사례 제공자에게 효과적으로 작동하고 있는지 확인해야 한다.

침묵의 힘을 사용하지 않기

그룹은 사례 제공자가 사례에 대해 설명한 후에 그에게 질문을 폭탄투여하는 식으로 선의를 가질 수 있다. 그러나 이런 질문의 공세 속에서 사례 제공자는 자기 생각을 형성할 시간이 필요하다. 참여자들의 질문이 너무 빠르게 올 때 그들은 다시 생각하는데 필요한 침묵을 채워버릴 수 있다. 그들은 이 침묵이 인큐베이터처럼 기능한다는 것을 꼭 알아차리지는 못한다. 그들은 자기 사고 프로세스와 자신이 알고 싶거나 말하고 싶은 것에 너무 많은 시간을 보내고 있다.

침묵의 힘– 정보를 되풀이하고 질문하기를 위할 뿐 아니라 생각하고 과정을 진행하기 위한 시간을 갖는 것–은 편안하지 않을 수 있다. 그것은 모두 사례 제공자가 자기 작업을 하도록 하기 위한 것이다. 사람들은 종종 이것을 간과한다. 진행자는 사례 제공자가 정보를 통찰로 처리하는 데 필요한 시간을 얻도록 확실히 보장해야 한다.

진행자가 참여자가 되어 초점을 잃기

인터비전 그룹이 충분한 경험을 얻고, 다양한 방법에 익숙해지고, 참여자들이 서로에 익숙해질 때, 때때로 진행자가 열정을 갖고 인터비전 과정에 사로잡혀서 합류하는 일이 벌어진다. 그렇게 되면 그들은 질문하고 내용에 초점을 두기 시작한다. 그래서 그들은 사례 제공자, 과정 그리고 방법에 덜 집중하게 된다. 이것은 사례 제공자에게 혼란을 준다: 누가 책임을 지고 있고 누가 과정을 보호하고 있는가? 좋은 인터비전 세션에서는 진행자는 사례 제공자를 위해 거기에 있다. 그는 인터비전의 실질적인 과정에 합류하지 않는다. 이렇게 할 때 사례 제공자가 자기 이슈에 집중하기가 더 쉬워진다. 그들은 자신들이 돌봄을 받고 있다는 것을 알게 된다.

11장 • 성찰

사례 토론에 대한 성찰하기는 인터비전에 있어 중요하지만 종종 이 국면은 빼먹거나 잊혀진다. 인터비전 과정에서 함께 성찰한다는 것은 지금을 위해, 그리고 다음 세션과/또는 다음 작업 상황을 위해 당신 자신의 행동 학습 과정과 집단 학습 과정 모두에 책임을 지는 것을 의미한다.

인터비전은 집중력이 필요하기 때문에 에너지를 소모한다. 사례토론의 끝에서는 그룹의 에너지 수준은 떨어졌을 수 있다. 이런 것이 학습 기회를 빼먹기 때문에 성찰하지 않는 이유가 되어서는 안된다. 진행자는 참여자와 사례 제공자에게 질문을 하고 성찰을 위한 시간이 있음을 확실히 해서 성찰시간을 갖는다.

그룹과 성찰하기는 –각 인터비전 세션의 끝에서 그리고 전체 사이클 끝에서– 여러 기능을 지닌다:

- 체계적으로 그리고 비판적으로 당신 자신의 행동을 살피게 하고 어떻게 사례토론 동안 행동했는지를 살피게 만든다.
- 참여자들은 사례로부터 좀더 명백히 배워서 이를 자신의 전문 업무에 적용할 수 있다는 교훈을 준다.

- 이를 통해 인터비전의 다음 세션 혹은 과정의 질을 향상시키게 한다.
- 모두의 피드백을 고려한다. 모두가 참여하게 함으로써 좋은 인터비전 세션을 성취하기 위한 책임을 공유하고 집단적인 배움을 위한 기회를 창조한다.

성찰 주제는 다음과 같다:

- 당신 자신의 학습 목표와 학습 과정을 설정하기
- 함께 작업하기 그리고 인터비전 프로세스
- 사용된 방법
- 사례 토론의 결과
- 미래를 위한 기대와 다음 세션을 위한 기대

코르타겐Korthagen 방법은 체계적으로 어떻게 성찰하는지 배우는 도구이다. 그것은 근본적인 문제에 관한 성찰을 할 수 있게 한다. 이러한 문제는 새 인터비전에 좋은 기준점이 된다. 네덜란드 교육자 코르타겐은 1993년 참여자들이 성찰을 체계적으로 그리고 지속적으로 할 수 있게 성찰 주기the reflection cycle를 고안하였다. 그는 이것을 데이비드 콜브David Kolb의 학습 서클learning circle과 유사하게 이를 개발하였다.

성찰 주기

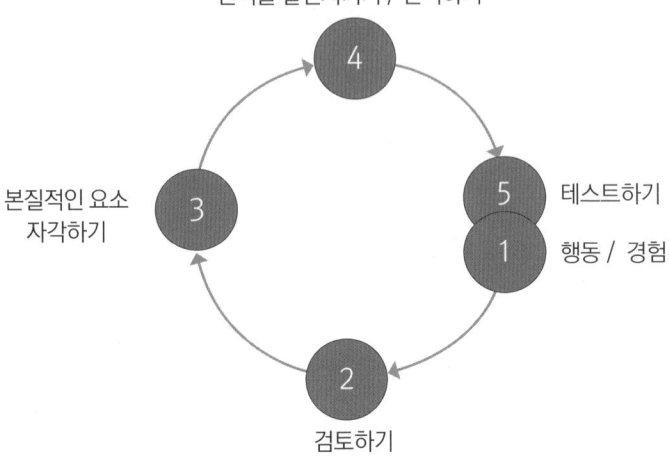

〈표 8〉 코르타겐의 성찰주기

성찰 시기

성찰 사이클의 5단계

1단계 행동/경험
- 나는 무엇을 성취하고 싶었나?
- 나는 무엇에 집중하고 싶었나?
- 나는 무엇을 시도하고 싶었나?

2단계 검토하기
- 특별히 무슨 일이 일어났는가?
- 무엇을 보고, 했고, 생각하고 느꼈는가?

3단계 본질적인 요소 자각하기
- 이것은 나에게 무엇을 의미하는가?
- 사안(긍정적인 발견)은 무엇인가?
- 영향은 무엇인가?

> **4단계 선택**
> - 나는 무엇을 선택하는가?
> - 무엇이 이익이고 무엇이 무익한 것인가?
> - 다음을 위한 계획은 무엇인가?
>
> **5단계 테스트하기**
> - 나는 무엇을 성취하고 싶은가?
> - 나는 무엇을 찾고 싶은가?
> - 나는 무엇을 시도하고 싶은가?

인터비전에서 성찰은 다음 두 경우에 일어난다

1. 각 인터비전 세션 끝에서.
2. 전체 인터비전 코스 끝에서.

1. 각 인터비전 끝에서 성찰하기

인터비전의 핵심 포인트는 서로 더불어 그리고 상대로부터 배우기이다. 이에 대한 성찰은 심도있는 깊이의 통찰을 가져올 수 있다. 인터비전 세션에 대한 성찰은 역할, 사례, 방법 그리고 그룹 프로세스에 중심을 둔다.

역할

사례 제공자는 자신이 얻은 통찰과 계획 중인 행동을 표현한다. 다음 인터비전 세션에서 다시 이것에로 되돌아 올 수 있다.

참여자들은 자신이 사례로부터 전문적 상황에 유용할 수 있는 정보를 얻는다. 성찰 동안 그들은 서로간에 이 정보로부터 얻은 통찰을 나눌 수 있다. 이로써 사례들은 참여자들의 전문적 업무를 인식하고 가치있는 통찰에 이르게 할 수 있다. 경험에 따르면 사례 토론은 다른 사람의 사례에 대한 것일 때조차도 모든 참여자들에게 가치있음을 보여준다.

진행자는 그의 역할을 검토할 수 있다. 특정한 인터비전 방법을 사용하고 개입함으로써, 그는 사례 제공자의 학습 과정과 참여자들의 기여를 어떻게 촉진했는가? 그는 그룹을 어떻게 지도했으며 결과는 무엇이었는가?

사례제공자, 참여자 그리고 진행자를 위해 다음과 같은 질문이 가능하다.

- 당신 자신에 대해 무엇을 발견하였는가?
- 어떤 통찰을 사용할 것인가?
- 무엇이 변할 필요가 있는가?
- 당신의 학습 방법에 대한 통찰은 무엇이며 그리고 당신이 배우고 싶은 것은 무엇인가?
- 그룹으로서 우리는 어떻게 하면 인터비전을 더 잘 사용할 수 있을까?

집단적 학습 도구로서 사례와 적용 방법의 성공
인터비전 시작 전에 사례 제공자와 진행자는 사례, 사례 질문을 정의하고 어떤 인터비전 방법이 사례에 대해 가장 적절할지를 결정한다. 성찰하는 동안에 그룹은 적용된 방법이 실제로 사례에 얼마나 적합한지 논의한다.

가능한 질문은 다음과 같다.

- 사례질문는 인터비전에 적절했는가?
- 그 방법이 사례에 적절할 수 있게 만들었던 것은 무엇이었는가?
- 그 방법은 집단적인 학습에 기여했는가?
- 사례 제공자는 그의 사례를 어떻게 전달했고 어떻게 질문에 응답했는가?
- 참여자들은 이 사례를 다룬 것으로부터 무엇을 배웠는가?

그룹 과정

질문 교환에 관련된 여러 측면들은 ① 사례토론을 하는 동안 그룹이 어떻게 기능하는지 알아 내고 그리고 ② 협력 단계에 대한 감사를 표현한다.

다음 질문들을 통해 인터비전을 하는 동안 그룹이 어떻게 기능하는지에 관해 물을 수 있다:

- 사람들은 건설적인 질문을 하였는가?
- 개방과 상호 신뢰의 입장에서 분위기는 무엇과 같았는가 그리고 그것은 건설적이었는가?

- 진행자는 그 과정에 어떻게 기여했는가?
- 우리는 무엇을 더 개선할 수 있는가?

메모를 작성하고 공유하여 자신의 개인적인 성찰과 인터비전 그룹의 발전을 추적할 수 있다. 이러한 성찰은 당신의 통찰을 유지하는 데 도움을 준다. 보고서를 통해 다음 인터비전 세션에 대한 새로운 질문을 하거나 전문성을 키울 수 있는 다른 기회를 찾을 수 있다. 다음 인터비전 세션의 준비는 조사 결과를 바탕으로 이루어질 수 있다.

2. 인터비전 코스 끝에서 성찰하기

마지막 성찰 시간에 우리는 그룹이 모든 전 과정을 통해 이루어 낸 진전을 돌아본다. 또한 인터비전이 당신이 일하는 조직에서 얼마나 적용가능한지를 살펴본다. 인터비전을 적용하는 목적은 전문 조직에서 학습 능력을 향상시키는 것이다. 성찰은 전체 인터비전의 끝에서 모든 참여자들이 사례에 기여할 기회를 가진 때 일어난다. 이 최종 세션을 위해 분리된 모임이 조직되고 보고서가 학습 과정을 뒷받침하기 위해 제출될 수 있다.

이 과정에 있어 최종 성찰은 전체 인터비전 과정, 참여자들의 추가 발전, 그리고 전문화 도구로서 인터비전의 적용을 목표로 한다.

전체 인터비전 과정에 대한 성찰

진행자는 어떻게 전 인터비전 과정이 진행되었는지 그룹과 조사한다. 다음 질문을 사용하는 것이 도움이 된다.

- 이 과정course는 인터비전 참여에 대한 목적을 다루었는가?
- 사람들은 서로의 말을 들었는가?
- 이슈는 적절히 다루어졌는가?
- 사람들은 집중력을 유지했는가?
- 상호 신뢰와 안전이 있었는가?
- 서로에 대해 동기 부여와 자극이 있었는가?

참여자들의 더 큰 발전

인터비전 그룹의 참여자들은 학습과 계속되는 전문적이고 개인적인 성장의 목표라는 측면에서 인터비전 세션들의 결과를 되돌아본다. 다음 요소들에 관심을 가질 수 있다.

- 당신은 무엇을 배웠고 그것에 대해 얼마나 만족한지 설명할 수 있는가?
- 당신 주변의 사람들은 지금 당신의 행동 방식에 어떻게 응답하는가?
- 신뢰와 개방 등과 관련하여 그룹은 집단적이고 개인적인 학습 과정에서 어떻게 기여했는가?
- 당신은 그룹이 기능하는 방식에 관해 구체적으로 무엇을 기여했는가?
- 당신을 위해 어떤 방법이 효과가 있었고 어떤 방법이 효과가 없었는가?
- 당신은 어떤 새로운 질문을 지니고 있는가?

위의 사항을 개별적으로 준비하여 그룹에서 서로 교환한 다음 서로의 발견에 대해 응답하는 것이 도움이 된다.

문화 도구로서 인터비전의 적용

성찰은 조직에서 전문화 도구로서 인터비전을 좀더 발전시키는데 매우 중요하다. 그것은 인터비전이 개인, 팀 그리고 조직과 그 조직의 가능한 미래 역할의 전문화를 위해 효과적인 도구로서 어떻게 기여하게 하는지를 숙고하게 한다.

12장 • 방법 선택기

인터비전 방법은 사례 제공자를 새로운 통찰로 인도하는 도구이다. 모든 방법은 각기 다른 특성들이 있다. 예를 들어, 사건Incident 방법은 10단계 방법보다 더 시각적으로 적용할 수 있고, 전략적 관리 사안에 관해서는 클리닉 방법보다는 긍정 탐구를 사용하는 것이 낫다. 이는 모두 특정 행동을 적용하는 것들이다. 진행자와 사례 제공자는 이슈, 사례 제공자 개인 그리고 연관성이 있는 곳에서 참여자들에게 맞는 방법을 선택한다. 이 장에서는 방법 선택기에 포함된 다양한 가능성을 소개한다.

> 우리는 매번 다른 방법을 선택했고, 그래서 매번 다른 방법을 펼쳤다. 그렇게 우리는 스스로 방법을 배웠다. 그 결과, 우리 모두는 어떤 방법이 사례 제공자 역할에 적합한지에 대해 더 많은 통찰력을 얻게 되었다.
>
> - 인터비전 그룹, 참가자

방법 선택기Method Selector는 크게 두 가지 부분으로 나눌 수 있다.

• 조건들:

- 기간
  - 그룹 크기
  - 필요한 항목들
- 진행자에게 관련한 것
  - 방법의 본질
  - 추가 준비
  - 인터비전 진행 경험
  - 방법 진행에 있어서 지식과 경험
  - 그룹에 필요한 경험

조건들

기간

이 책에서는 이 방법을 사용할 때 단계별 시간이 아닌 세션의 총 시간을 표기하기로 우리는 선택했다. 이는 그룹과 진행자마다 다를 수 있다. 진행자는 시간에 주의하고 단계들이 모든 역동성을 포함하는지 확인한다.

그룹 규모

인터비전 그룹은 진행자와 사례 제공자를 포함하여 총 8명으로 구성된다. 그룹 인원이 5명인 경우 질문을 할 수 있는 참가자는 3명이다. 그룹이 5명보다 작으면 사례 제공자를 도울 수 있는 참가자의 수는 한 명 또는 두 명에 불과하다. 이렇게 하면 충분한 다양성을 제공하지 못하고 그룹 프로세스의 효율성이 떨어진다. 그룹이 8명보다 많으면 그룹 내 역동성이 낮아져 참가자들의 흥미가 다소 떨어질 수 있다.

필요한 품목들

방법 선택기에는 방법 수행에 필요한 조건이 표시된다. 모든 인터비전 방법에서 세션은 참가자가 안전하고 편안하게 느낄 수 있는 조용한 공간에서 진행해야 한다. 주변 환경이 안정감과 신뢰감을 주는 것이 중요하다.

진행자와의 관련성

진행자는 사례 제공자, 사례 그리고 사례 제공자가 새로운 통찰을 발견하는 과정에서 그를 지원할 최선의 방법 사이에 잘 균형을 잡는 것이 중요하다. 진행자는 인터비전을 진행했던 자신의 경험과 여러 방식들에 대한 친숙함을 고려해야 한다.

방법의 본질

특정한 방법을 선택하는 것은 사례 제공자의 사안에 따라 다르다. 진행자는 어떤 방법을 선택하느냐에 따라 사례 제공자가 통찰을 얻을 잠재성에 적극 기여할 수 있다. 각 방법은 자신의 고유한 특성을 지니며 각각의 질문 유형과 연관되어 있다. 모든 방법에는 기대되는 고유의 장점과 단점, 함정, 사용 조건, 결과 유형이 있다. 방법 선택기는 모든 방법의 초점을 포함한다.

인터비전 진행 경험

올바른 깊이에 이르기 위해 혹은 올바르게 방법을 적용하기 위해 몇몇 방법은 진행자가 인터비전 모임을 진행한 사전 경험이 있기를 요구한다. 진행자는 그룹 역동성의 적용과 피드백의 원칙에 친숙할 필요가 있다. 그리고 인터비전을 진행할 때 발생하는 함정을 피할 방법을 알고 있어야 한다. 그는 인터비전 그룹을 운영하면서 경험을 얻을 수 있고 혹은 '인터비전 진행하기' 코스를 밟음으로 경험을 얻을 수 있다.

방법 진행에 있어서 지식과 경험

어떤 방법들은 적용 전에 경험이나 훈련이 필요하다. 진행자는 방법에 대한 워크숍에 참여하기, 이 방법을 사용하는 진행자 옆에 앉기, 혹은 혼자 진행하기 전에 숙달된 진행자의 진행하에 여러 차례 방법을 사용하기 등에 의해 경험을 쌓는다. 어떤 방법이 얼마나 구조화되어 있는지가 그 방법의 복잡성에 대해 많은 것을 말해주지는 않는다. 예를 들어 U 방법은 단순한 구조이지만 실행하기에는 매우 어렵다. 잡담하기gossiping는 단순한 구조이고 실행하기에도 쉽다.

그룹에게 요청되는 경험

그룹의 경험은 참여자들간에 많은 상호작용을 요구하는 방법의 경우거버넌스 그리고 윤리 강령 중요할 수 있다. 혹은 특정한 그룹 행동을 요구하는 단계클리닉 또는 사례 제공자에 대해 말하기와 같은 그룹 과정이 인터비전 과정의 일부가 되는 경우잡담하기에 중요할 수 있다. 경험은 또한 올바른 질문을 하는 능력과 과정을 적용하는 능력에도 관련이 있을 수 있다. 경험 많은 진행자는 매우 복잡한 방법을 통해서일지라도 미숙련 그룹을 적절히 안내할 수 있다.

⟨표 9⟩ 방법 선택기(Method selector)

연번	페이지	방법	조건들		
			지속 시간 🕐	그룹 규모 🚶	필요 품목 🛠
1	99	A4방법: 텍스트 해석	1.5	5-8	해석을 위한 A4 텍스트 복사본
2	107	긍정 탐구	2	5-8	플립 차트, 여러 색의 마커, 사진, 포스트잇 메모지
3	119	발린트(Balint)	2	5-8	무
4	127	클리닉 (Clinics)	1-1.5	5-8	사람이 왔다 갔다 할 정도로 방이 커야 하고 사례를 적절히 표현하기 위해 특별한 가구가 필요할 수도 있다. 사례 제공자와 참여자가 동의한다면 피드백을 위해 비디오 녹화장비가 사용될 수도 있다.
5	135	잡담하기 (Gossiping)	0.5-1	5-8	무
6	143	거버넌스 (Governance)와 윤리강령	2	5-8	윤리강령 복사본, 플립 차트
7	151	도움이 되는 질문들	1-1.5	5-8	무
8	161	사건(Incident) 방법	1.5	5-8	무
9	169	10단계 방법	2-2.5	5-8	플립 차트와 마커
10	179	U 과정	2-2.5	5-8	그룹이 (변화된) 사안을 기록하고 싶어 할 경우, 플립 차트

방법의 본질	추가 준비	진행자와의 관련성		
		인터비전 진행 경험	방법을 진행하는 경험과 지식	그룹 경험의 필요성
사례 제공자가 손으로 직접 쓴 텍스트를 토대로 사례 제공자의 사례 속 행동 특성	A4에 적힌 텍스트	+	+	−
생성적이고 긍정적인 견해: 미래 지향적인 질문을 위해	무	++	++	+
자신의 사각지대에 대한 통찰과 질적 상호작용	무	−	−	−
앞으로의 상황을 위한 새로운 행동을 연습하기 위해 역할극 활용하기	무	−	−	+
자신의 행동 인식하기, 사고하기, 직접적인 피드백에 대한 반응 행동	무	−	+	−
전문가 집단의 윤리 강령의 제한사항에 이르거나 검토하는 개인적인 상황을 조사하기	윤리 강령에 대한 지식	+	+	+
사례 제공자의 사고과정과 통찰을 지원하도록 돕는 질문과, 질문의 효과에 대한 사례 제공자로부터의 적극적인 피드백	무	+	−	−
실제 상황에 대한 대안적 행동 찾기	무	−	−	−
분명한 조치에 이르는 실제적인 사안에 대한 구조화된 접근	무	−	−	−
근본적인 견해와 가치를 명확하게 만들기	무	++	+	++

− 관련성이 적은   + 관련성 있는   ++ 매우 관련있는

2부 / 인터비전 방법들

방법 1 • A4 방법: 텍스트 해석

방법 2 • 긍정적 탐구Appreciative Inquiry

방법 3 • 발린트Balint

방법 4 • 클리닉Clinics

방법 5 • 잡담하기Gissiping

방법 6 • 협치와 윤리 규정Governance and code of ethics

방법 7 • 도움이 되는 질문Helpful questions

방법 8 • 사건 방법Incident method

방법 9 • 10 단계 방법Ten-step method

방법 10 • U 프로세스U procedure

방법 1 • A4 방식: 텍스트 해석 A4 Method: Text Interpretation

방법에 대한 간단한 설명

대개 인터비전에서는 구어체에 중점을 둔다. 서면 텍스트는 사례 제공자에 대한 많은 정보를 제공할 수 있더라도 자주 사용되지는 않는다. 글로 쓰면 사건의 내용이 잘 기록되며 때로는 구두로 전달할 때보다 더 잘 전달되기도 한다. 글을 쓰는 사람은 자신의 글을 '읽는 사람'이 된다. 그들은 다시 읽고 수정하고, 떠오르는 언어와 이미지가 완성될 때까지 추가한다. 그렇게 해서 신중하게 텍스트 초안이 작성된다.

이 인터비전 방식에서 사례에 대한 정보는 수기로 기록된 사례 설명서로 전해지고, 이는 인터비전 회의에서 배포된다. 글의 표현 방식에서 작성자의 특징이 두드러진다. 텍스트가 작성자를 어떻게 반영하는가? 문장을 어떻게 구성하고, 페이지에 걸쳐 내용을 어떻게 나누고, 밑줄을 긋는가? 이 모든 것이 그들의 접근 방식에 대해 무엇을 말하는가? 형식과 내용도 중요하지만 그에 못지않게 중요한 것은 작성자가 무엇을 생략했는지도 중요하다. 이러한 측면은 작성자의 작업 방식, 사고 과정 및/또는 근본적인 견해와 가치를 드러낸다. 이 인터비전 방법에서는 그룹 토론에서 사례 제공자의 사례에 대한 이러한 종류의 관찰을 포함한다.

A4 방식(텍스트 해석)의 장점은 무엇인가?

사람들은 누군가에 대한 첫인상에 대해 직접적인 피드백을 줄 수 있다. 구두 프레젠테이션을 통해서도 가능하지만, 특히 개인적인 사례를 설명하는 서면 프레젠테이션을 통해서도 잘 작동한다. A4 방법을 사용하면 상대방의 가정suppositions, 특히 사고 방식과 문제 해결 방식에 대한 빠른 피드백을 받을 수 있다. 글을 통해 자신의 추가적인 신념과 가정이 명확해진다. 이 외에도 사례를 적어 내려가는 과정은 이미 성찰을 시작하는 좋은 방법이다.

이 방법의 장점과 단점

장점
- 이 방법은 시간이 많이 걸리지 않는다.
- 사례 제공자가 신중하게 글을 작성하기 때문에 글은 그 자체로 일종의 성찰활동이다.
- 이 방법에는 다른 형태의 관찰이 포함한다.

단점
- 이 방법은 글로 자신의 사례를 표현하기 어려운 사람에게는 적합하지 않다.
- 텍스트를 사용하면 모든 것을 흑백으로 적는다는 점에서 상당히 대립적일 수 있다.
- 개인적인 글이 아닌 경우에 이 방법이 많은 것을 드러낼 수 없다.
- 사례 제공자의 역할은 다른 방식에 비해 크지 않으며, 예를 들어 광

범위한 명료화 질문 순서는 없다.

함정

참가자들은 종종 사건의 내용에 대해 자신의 가정을 강조하는 경향이 있다. 이 방법을 사용하면 참가자는 서면 설명에서 무엇을 찾을 수 있고 무엇을 찾을 수 없는지 관찰하기만 하면 된다. 자신의 전제는 다루지 않는다. 또한 참가자는 사용된 단어와 텍스트의 구성에 대한 실제 성찰에 국한하지 않고 피드백에 모든 종류의 의견이나 가설을 표현함으로써 프로세스를 방해할 수 있다. 사람들이 너무 친절하고 예의 바르고 순응하려고 할 때 학습 곡선은 크게 줄어든다. 이 방법을 사용하려면 대립을 두려워하지 말고 자신의 생각을 직설적이면서도 정중하게 말해야 한다.

사용 조건

조건들		
지속시간	그룹 규모	필요 품목
1.5시간	5-8명	수기로 작성한 텍스트 사본

진행자와의 관련성					
방법의 본질	추가 준비	인터비전 진행 경험	방법을 진행하는 경험과 지식	그룹 경험의 필요성	
수기로 작성한 텍스트의 모습을 근거로, 사례 제공자가 사례를 다루는 방법의 특징	A4에 수기작성한 텍스트	+	+	−	

방법 1 A4 방식: 텍스트 해석(A4 Method: Text Interpretation) • **149**

참가자는 사례 제공자가 답변을 들을 수 있어야 하고 나중에 답변할 것이기 때문에 피드백을 제공하는 데 경험이 필요하다. 이 인터비전 방식은 일반적으로 사례 제공자가 먼저 자신의 사례를 설명할 기회를 갖기 때문에 다른 방식과 다르다.

구체적인 안내가 필요한 사례는 A4 방법에 적합하지 않다. 이 방법에서는 텍스트에 사례가 어떻게 설명되어 있는지가 중요하다. 참가자는 실제 내용과 거리를 유지할 수 있어야 하고, 해석하지 않고 드러난 텍스트에 집중할 수 있어야 한다.

이 방법이 잘 작동하려면 그룹이 기밀유지에 민감해야 한다. 그렇기 때문에 이 방법은 경험이 없는 그룹에는 적합하지 않다. 사례 제공자가 텍스트를 미리 준비하지만 회의 전에 배포하지는 않는다.

단계들

준비

진행자와 사례 제공자가 사례, 사례 질문, 방법 선택에 대해 미리 논의한다. 사례 제공자가 사례를 준비한다. 제출할 사례에 대한 설명 초안을 작성하고 자신의 의견, 연관성, 느낌을 추가한다. A4또는 편지지 크기 용지에 작성하고 모든 참가자와 진행자를 위해 사본을 만든다. 사례 제공자는 참가자들에게 어떤 방법을 선택했는지 알려 주지만, 사례 설명을 미리 배포하지는 않는다.

1단계: 사례 설명

진행자가 참가자에게 텍스트를 '읽는' 방법을 안내한다. 그런 다음 텍스트를 배포한다.

2단계: 읽고 관찰하기

참가자들은 손글씨를 보고 텍스트를 읽은 후 관찰한 내용을 메모한다. 무엇을 볼 수 있나? 어떤 개별 이미지가 떠오르는가? 거기서 무엇을 추론하는가? 관찰자의 시각이 얼마나 중요하다고 생각 하는가? 아직 질문이 없다.

텍스트를 읽거나 볼 때는 다음과 같은 관점의 순서를 이용한다:

- **첫째, 텍스트의 실제 배열.**

예를 들어, 단어를 아직 읽기 전에 첫눈에 손글씨가 어떻게 보이는가? 배열이 매우 질서정연하고, 단계적으로 배열되어 있으며, 유창하고, 혼란스럽고, 표현력이 풍부하고, 밑줄이 그어져 있고, 모양이 잘 잡힌 글자, 공백이 많은 경우 등이 될 수 있다. 문장의 길이, 소문자 또는 대문자 사용, 문장 부호 등의 사용에서 무엇을 알 수 있는가?

- **다음 단계는 언어의 사용.**

예를 들어, 1인칭(나)으로 쓰는가, 아니면 다른 사람(당신, 그/그녀)으로 쓰는가? 동사를 많이 사용하는가, 그렇지 않은가? 단어 선택이 독창적인가? 아니면 전문 용어에 의존하는가? 진부한 표현이나 상투적인 표현이 많은가? 능동적 단어(주도적이고 실행을 목적으로 함)를 사용하는가? 아니면 수동적 단어(생각과 기다림을 목적으로 함)를 사용하는가? 텍스트에 타임라인이 포함되어 있는가? 사례 제공자 개인이나 전문가에 관한 내용인가, 아니면 다른 사람예: 고객, 특정 상황 또는 직업에 관한 내용인가? 눈에 띄는 것과 그렇지 않은 것은 무엇인가? 텍스트에서 무엇을 말하고 무엇을 생략하는가?

- **마지막으로 텍스트가 주는 인상**

예를 들어, 텍스트의 요점이 있는가? 아니면 목적이 없는가? 과거, 현재, 미래에 대한 이해가 보이는가? 텍스트가 감정적인가 이성적인가, 수동적인가 능동적인가, 모호한가 구체적인가, 현대적인가 구식인가, 피상적인가 심오한가, 활기찬가 망설이는가?

3단계 관찰하기

참가자들은 내용 자체로 들어가거나 가정이나 부정적인 의견을 제시하지 않고 세 가지 관점위에 근거하여 관찰한 내용을 발표한다. 참가자들은 사례 제공자의 단어와 문장에서 어떤 점을 발견했는가? 어떤 유사점을 발견하고, 무엇을 놓쳤으며, 이것의 효과는 무엇일 수 있는가? 진행자는 사례에 대해 각각의 측면으로 논의하기로 결정할 수 있다. 사례 제공자는 피드백을 듣고 적어두지만 필요한 경우 피드백이 불러일으키는 감정에 대해 메모하면서 아직 응답하지는 않는다.

4단계. 잡담나누기 Gossiping 선택사항

참가자들은 3단계에서 관찰한 내용에 대해 가볍게 언급할 수 있다. 참 사례 제공자의 심리분석을 하는 듯 하는 게 아니고, 존중하는 마음으로 이 작업을 수행한다. 진행자는 이를 주의한다. 이 선택적 단계는 사례 제공자에게 새로운 통찰을 제공할 수 있다. 자세한 설명은 방법5. 나누기 잡담나누기gossiping 참조

5단계. 요약 및 피드백

사례 제공자는 관찰 내용을 요약하고 피드백을 제공한다. 이를 위한 도구는 다음과 같다:

- 관찰에서 눈에 띄는 점은 무엇인가?
- 두 번 이상 언급된 내용은 무엇인가?
- 그들은 무엇을 인식하는가?
- 무엇이 그들을 움직였을까?
- 어떤 댓글을 이해할 수 있다고 생각하는가?
- 근본적인 이유는 무엇인가?

6단계. 피드백 심화하기

참가자는 사례 제공자에게 열린 질문을 통해 피드백을 심화할 수 있다. 이러한 질문은 사례 제공자가 자신의 사고 방식과 전제를 명확히 하는 데 도움이 된다. 질문은 사례의 내용에 관한 것이 아니라 있는 그대로의 텍스트에 관한 것이어야 한다. 사례 제공자의 의견 '나는 다르게 적고 싶었다' 또는 '다르게 읽어야 한다'은 일반적으로 저항으로 간주될 수 있다.

이 방법의 핵심은 누군가가 비판 후 의도했을 가능성이 있는 내용이 아니라 문자로 말한 내용을 기반으로 한다는 것이다. 따라서 참가자

들은 텍스트의 문구에서 무엇을 추론할 수 있는지 스스로에게 질문하고 실제 텍스트와 관련자의 의도 사이의 차이점에 대해 토론한다. 이 심화 라운드에서는 특히 사례 제공자가 가장 견디기 힘들어하는 점에 초점을 맞춘다.

7단계. 사례 제공자: 통찰 및 실행 계획

사례 제공자는 자신이 얻은 통찰, 행동의 변화 계획 및 이러한 변화를 달성하기 위해 작성한 내용을 드러낸다.

8단계. 참여자들의 통찰

각 참가자는 자신의 통찰을 적는다. 이 사례에서 무엇을 배웠는가? 선호하는 사고 및 질문 방식, 건설적인 혹은 방해하는 질문을 하게 만드는 것들, 다른 참가자의 질문을 통해 배운 점 등과 관련된 내용일 수 있다.

9단계. 인터비전에 대한 성찰

진행자는 사례 제공자 및 참가자와 함께 인터비전 세션을 되돌아본다. 이 성찰의 목적은 다음과 같다:
- 사례 토론의 결과
- 학습 도구로서의 사례와 적용한 방법의 성공

배경

성찰 기법reflection technique의 창시자 중 한 명은 도널드 쇤Donald

Schön이다. 그는 다양한 성찰의 방식을 구분한다. 행동하면서 성찰하기reflection in action은 행동하는 동안 사고하고, 즉흥적으로 지속적인 행동 학습을 실행하는 통합적인 과정이다. 행동에 대한 성찰reflection on action은 회고적 성찰, 미리 정의된 목표와 관련한 행동의 효과에 대한 평가를 말한다. 마지막으로 행동하면서 성찰하기에 대한 성찰reflection on reflection in action이다. 이는 자기 자신의 성찰에 대한 성찰이다. 텍스트 해석의 A4 방법은 이 마지막 형태의 성찰을 지원할 수 있다.

텍스트 분석은 사물을 바라보는 다른 방식이다. 메시지의 내용이 아니라 메시지가 표현되는 방식, 즉 형식종이의 공백 사용이나 특정 단어의 빈도, 단호함이나 세심함 등에 주목한다. 배치layout는 의사소통에 관여하는 수준으로, 전달된 정보의 내용보다 작성자에 대해 더 많은 것을 말해준다.

방법지침서

A4 방식: 텍스트 해석

준비
사례 제공자와 진행자가 사례와 선택 방법에 대해 논의한다. 사례제공자는 자신의 의견, 연관성, 감정을 추가하여 A4 용지에 수기로 사례를 적는다. 이 텍스트는 사전에 배포되지 않는다.

1단계　사례 설명
사례제공자는 참가자와 진행자에게 텍스트 사본을 배포하지만 구두로 설명하지는 않는다. 진행자는 참가자들에게 텍스트를 어떻게 읽어야 하는지 알려준다.

2단계 읽고 관찰하기
참가자들은 텍스트를 보고 읽고 실제 형태와 드러난 내용에 대한 관찰과 해석을 적는다. 그 후, 단어 사용, 시간대 등 언어의 사용 양상을 살펴본다.

3단계 관찰 내용 제공
참가자들은 관찰한 내용과 개인적인 해석을 제공한다. 사례제공자는 경청하고 피드백에 대해 메모를 한다.

4단계 잡담하기(선택)
참가자들은 3단계에서 관찰한 내용에 대해 가볍게 언급하고 사례제공자는 이를 경청한다. 참가자들은 존중하는 마음으로 이 작업을 수행한다.

5단계 결론 및 피드백
사례제공자는 관찰 내용을 요약하고 피드백에 반응한다.

6단계 피드백 심화
사례제공자의 코멘트에 대한 응답으로 참가자들과 더 깊게 피드백할 수 있다.

7단계 사례 제공자: 인사이트 및 실행 계획
 사례제공자는 자신이 얻은 통찰을 공개하고 공유한다.

8단계 참가자들의 통찰
참가자들은 자기 생각을 적어 공유한다.

9단계 인터비전에 대한 성찰
진행자는 사례제공자와 참가자들에게 이 인터비전 세션에 대해 어떻게 생각하는지 묻는다.

방법 2 • 긍정적 탐구 Appreciative Inquiry

방법에 대한 간단한 설명

　조직 안에있는 사람들은 계획대로 진행되지 않았거나, 더 잘 진행될 수 있었던 상황 또는 단순히 잘못된 상황 등 문제를 해결하는 데 많은 시간을 할애한다. 매출이 저조하거나 고객이 불만족스럽거나 직원이 의욕이 없는 경우다. 이는 원하는 상황에서 벗어난 불리한 상황의 예다. 이러한 사례의 공통점은 사람들이 잘 안 되거나 잘 되지 않는 것에 주의를 기울이는 경향이 있다는 것이다. 외과의사, 사외 경영 관리자, 컨설턴트와 같은 전문가들은 고장난 것을 고치는 데 전문가이다. 그러나 이러한 분석적이고 문제 해결 지향적인 성향의 단점은 그것이 너무 지배적이 되면 꿈, 야망, 열망은 뒷전으로 밀려난다는 것이다.

　조직이 주로 문제 해결에만 관심을 기울이면 결국 활력, 유연성, 창의성을 포기하게 된다. 그 결과 사람들이 내어 놓는내어 놓을 수 있는 강점, 자질, 성과, 잘하는 일에는 거의 관심을 두지 않는 생명력 없는 조직이 될 수 있다. 이것들은 특히 직원들의 업무에 동기를 부여하고 자부심과 가치를 반영할 수 있는 것들이다. 만족한 고객이나 팀이 성공적으로 완수한 프로젝트가 그 예가 될 수 있다. 긍정적 탐구는 정성껏 키운 것이 잘 성장한다는 생각을 바탕으로 무엇이 효과가 있고, 무엇이 잘 진행되고 있으며, 사람들이 무엇을 더 원하고 있는지 등 긍정적인 접근 방식을 강조한다.

'긍정적Appreciative'이라고 하는 것은 사람이나 상황의 긍정적positive 측면 또는 최선의 모습에 초점을 맞추고 미래의 잠재적 성장과 발전에 주의를 기울이는 것을 의미한다. '탐구Inquiry'는 진정으로 호기심을 갖고 개방적이고 편견없는 마음을 유지함으로써 '모르는unawareness' 입장에서 질문하고, 이야기하고, 공부하는 과정을 의미한다. 이러한 과정을 통해 새로운 지식, 야망, 행동이 생겨나며, 이 모든 것이 원하는 변화에 기여할 수 있다. 이것이 바로 긍정적 탐구의 힘이다.

긍정적 탐구는 상황 및/또는 사람의 자질과 강점을 함께 찾고 기회와 가능성에 대해 논의하는 것을 의미한다. 실제 상황은 예상대로 진행되지 않은 부분이나 사람들이 겪은 문제에 초점을 맞추는 대신 무엇이 잘되고 무엇이 효과가 있는지에 대한 관점에서 의식적으로 재정의된다.

재정의하는 과정에서 사람들은 자신의 '문제적인problematic' 관점을 인식하는 법을 배운다. 감사하는 관점에서 사물을 바라보기 시작하고 상황에 내포되어 있을 수 있는 기회와 가능성을 탐구한다.

긍정적 탐구 방법의 장점은 무엇일까?

긍정적 탐구는 사람들이 상황을 긍정적으로 바라보게 하고, 사람들의 최선의 상태를 끌어내고, 격려하고, 행동에 나서게 하고, 그들의 희망, 욕구, 야망에 따라 상황을 변화시키도록 한다. 사람들은 자신이 묘사한 상황에 대한 기존의 시각이 편향되어 있음을 발견하고 긍정적인 대안이 있다는 것을 알게 될 것이다.

사람들은 자신에게 진정으로 중요한 주제에 대해 이야기하고 자신의 열망, 욕망, 꿈을 표현하면서 더욱 활기차게 된다. 이러한 소망, 열망, 야망에서 새로운 아이디어가 떠오르고, 원하는 변화를 실제로 달성할 수 있는 동기와 행동이 생겨난다.

이 방법의 장점과 단점

장점

- 긍정적 탐구법은 현재 무엇이 있고 앞으로 무엇이 될 수 있는지에 대한 긍정적 접근을 기반으로 한다. 사람과 조직은 자신의 약점과 불완전함에 대한 비난 대신 자신의 강점과 자질을 확인받고 인정받는다. 긍정적인 탐구법은 긍정적인 관점에서 성장과 발전의 기회와 가능성을 찾는다. 긍정적인 탐구는 사람들이 안전하다고 느낄 수 있는 분위기를 조성하고 생산적인 인터비전 세션을 가질 수 있는 공간을 마련한다.

단점

- 현안에 대한 해결책이 이미 결정되어 하향식으로 실행될 예정이라면 긍정적 탐구 프로세스는 바람직하지 않다. 긍정적 탐구는 사람들이 문제 조사에 참여하여 함께 해결책을 마련하고 직접 실행하도록 하기 위한 것이다.
- 상호 불신이 있고 사람들이 문제를 토론에서 빼고 싶지만 긍정적 탐구의 긍정적인 접근 방식 때문에 시도해 보기로 결정했다면, 이

경우는 긍정적 탐구가 적절한 방법이 아니다. 긍정적 탐구는 실제로 중요한 주제에 대한 토론을 촉진한다.

함정

긍정적 탐구법이 참가자들이 서로에게 친절하기만 하고 서로의 감정을 아껴서 민감한 문제가 논의되지 않도록 한다는 것을 의미한다고 가정하는 것은 옳지 않다. 반대로 참가자들은 관련된 사람들에게 중요한 것이 무엇인지에 초점을 맞추고 무엇이 효과가 있는지 또는 효과가 있었는지 탐구한다. 목표는 새로운 지식을 얻은 다음 새로운 행동을 창출하는 것이며, 이는 친절함과는 큰 관련이 없다.

이 단계를 진행하는 동안 진행자와 사례 제공자는 문제 정의에서 바람직한 조치로 나아가는 방법을 모르거나 상황의 부정적인 측면이 우세하기 때문에 다시 문제 분석으로 넘어갈 수도 있다. 사례 제공자가 긍정적인 측면을 생각하지 못하고 문제와 실수를 파악하는 것으로 되돌아간다면 사례의 자질, 강점 및 긍정적인 결과를 파악하는 것은 진행자와 다른 참가자들의 임무가 된다.

사용 조건

조건들		
지속시간 ⏰	그룹 규모 👤	필요 품목 🛠
2시간	5-8명	플립차트, 여러색 마커펜, 사진, 포스트잇

진행자와의 관련성				
방법의 본질 🔍	추가 준비 ⚙	인터비전 진행 경험	방법을 진행하는 경험과 지식	그룹 경험의 필요성
생성적, 긍정적 관점: 미래지향적 질문들	무	++	++	-

이 인터비전 방법을 진행하는 진행자는 긍정적 탐구법을 해 본 경험이 있어야 한다. 즉, 어떤 상황에서 무엇이 효과가 있었는지, 이야기에서 어떤 강점과 자질이 드러나는지, 기회와 가능성을 어디에서 볼 수 있는지 참가자의 주의를 끌 수 있는 질문을 할 수 있어야 한다. 사례 제공자의 사고방식에 따라 문제를 분석하려는 참가자의 유혹을 물리쳐야 한다. 또한 회의 분위기에도 주의를 기울여야 한다. 참가자들이 호기심을 갖고 사물을 살펴볼 수 있도록 긍정적이고 밝고 개방적인 분위기를 우선적으로 조성하는 것이 바람직하다.

단계

긍정적 탐구 프로세스는 5단계로 구성되며 핵심 주제를 중심으로 이루어진다. 이 핵심 주제는 사례 제공자가 무엇을 다루고 싶은지, 무엇을 조사하고자 하는지를 보여준다. 예를 들어 핵심 주제가 '존중'인 경우, 긍정적 탐구 프로세스는 '존중'이라는 개념을 중심으로 긍정적인 경험, 가능성chances, 기회opportunities 및 행동을 만들어낸다. 표10은 다섯 단계를 보여준다. 1단계는 인터비전 이전에 진행되며, 나머지 4단계는 인터비전 모임에 속하는 과정이다.

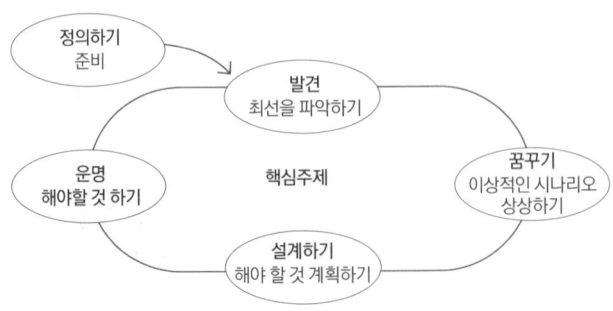

〈표 10〉 긍정적 탐구 프로세스 (출처: 매스링크Masselink, 2008)

1단계: 정의하기- 준비

진행자와 사례 제공자는 사례, 사례 질문, 방법 선택에 대해 미리 논의한다. 사례 제공자는 상황을 의심과 불신으로 특징지어진 문제로 보지 않고 신뢰와 개방성을 형성하고자 하는 긍정적인 관점에서 사례의 핵심 주제를 파악한다. 사례 제공자는 핵심 주제로 끝나는 몇 문장으로 사례를 설명한 다음 참가자와 진행자에게 사례 설명과 선택한 인터비전 방법을 보낸다.

2단계: 발견하기- '존재하는 최고의 것'

사례 제공자가 문제점이 아닌 함께 조사할 주제로 사례를 간략하게 설명한다. 예를 들어 '상사와의 갈등을 해결하고 싶다'가 아니라 '상충되는 이해관계를 어떻게 하면 건설적으로 해결할 수 있을까'라는 식으로. 이에 대해 참여자들은 명료화하기 위한 질문을 준다. 참여자들은 주의 깊게 경청하고, 자신의 의견이나 판단을 내리는 것을 자제하며, 일어난 일에 대해 후속 질문을 한다. 다음과 같은 질문 '그때 무엇을 하셨나요?', '이것이 다른 사람들에게 어떤 영향을 미쳤나요?' 등의 질문을 한다. 설명하는 동안 참가자들은 '내가 ...하다는 그 말을 제대로 이해했는가?' 또는 '~이라고 말하려는 건가?' 등 떠오르는 연관성을 검토해본다.

더 이상 질문이 없을 때 진행자는 모든 참가자에게 사례 기록에서 발견한 모든 자질과 강점어떤 비판이나 실수, 분석 등은 없이을 파악하도록 초대한다. 이렇게 하면 의식적으로 긍정적인 측면에 주의를 집중하고 상황을 재정의할 수 있다. 그런 다음 진행자는 참가자들에게 무엇이 잘 되었는지, 무엇이 효과가 있었는지, 그리고 그 결과와 효과는 무엇이었는지 파악하도록 요청한다. 이렇게 하면 토론의 분위기가 개방적이고 유쾌한 분위기로 바뀌어 탐구가 더 쉬워지고 그룹의 의견과 창의성이 향상된다. 각 참가자는 사례 제공자에게 긍정적인 피드백을 제공한다. 모든 사람이 차례가 되면 사례 제공자는 자신이 특별히 주목한 점과 가장 놀라웠던 점을 요약한다.

3단계: 꿈꾸기- '최고의 가능성'

이제 미래에 초점을 맞춘 상상력이 핵심 포인트이다. 참여자들은 2단계에서 정의한 강점, 자질, 기회 및 가능성을 바탕으로 함께 미래의 그림을 그린다. 이 그림은 사례와 사례 제공자와의 관계에 관한 것이라는 사실이 중요하다. 진행자는 그룹에게 다음과 같은 질문을 던지는 것으로 시작한다. "사례 제공자가 여러분 모두가 언급하신 모든 강점, 자질, 기회 및 가능성을 완전하고 포괄적으로 활용한다면 이루어질 최상의 현실이 어떤 모습일까요?"라고 질문한다.

이 질문을 하면 참가자는 사례 제공자가 경청하는 동안 다른 바람직한 미래에 대한 상상을 하게 된다. 상상은 구체적이고 상세할수록 좋다. 실현 가능성은 그 기준이 아니다. 바람직한가가 기준이다. 참가자는 상상력을 마음껏 발휘하여 이상적인 상황이 어떻게 보일지 윤곽을 그려본다. 진행자는 다음과 같은 질문을 통해 참가자들을 돕는다: '사례 제공자가 이 자질들을 완전히 사용한다면 3개월 후의 상황은 어떤 모습일까요?' 또는 '미래에 어떤 것이 있으면 좋겠습니까?' 또는 '핵심 주제는 그때 어떤 모습일까요?' 등의 질문을 던진다.

참가자들이 이상적이거나 바람직한 미래를 상상하기 어렵다면, 진행자는 참가자들에게 조용히 그 질문에 대해 생각해 볼 시간을 갖도록 권유할 수 있다. 이는 종종 도움이 되는 방법이다.

브레인스토밍 세션에서 진행자는 플립 차트에 언급된 모든 아이디어를 기록한다. 지금까지는 사례 제공자가 듣기만 했다. 참가자들의 아이디어가 다 떨어지고 상상력이 소진되면 진행자는 사례 제공자에게 가장 눈에 띄는 아이디어와 가장 마음에 드는 아이디어가 어떤 것인지 질문하며 그 아이디어에 대한 응답을 요청한다. 이 단계를 통해 사례 제공자가 새로운 아이디어를 얻으면 이제 그룹에 다시 전달할 수 있다.

4단계 : 디자인하기- '해야 할 필요가 있는 일을 계획하기'

이 단계에서는 참가자들이 원하는 미래상을 실현하기 위해 무엇이 필요한지로 초점을 전환한다. 꿈 단계에서 도전적인 미래상을 그렸다면, 디자인 단계에서는 그 꿈을 실현하기 위해 필요한 변화를 계획하거나 수립하는 것이다.

참가자들은 어떤 변화가 원하는 상황을 현실로 만들 수 있는지 스스로에게 질문하면서 대화를 이어간다. 진행자는 참가자들에게 가장 큰 영향을 미칠 가장 작은 변화에 대한 개요를 작성하도록 요청한다. 도발적일수록 좋다. 도발적이라는 것은 참가자들이 보기에 그 변화가 사례 제공자에게 충분히 도전적이라는 것을 의미한다. 진행자는 사례 제공자가 경청하는 동안 플립 차트에 모든 변경 사항을 기록한다. 그런 다음 참가자가 목록에서 가장 관련성이 높은 세 가지 변경 사항을 선택하면 사례 제공자는 가장 매력적이고 효과적이라고 생각되는 변경 사항을 표시하여 응답한다. 사례 제공자는 자신의 아이디어나 선호 사항을 추가할 수 있다.

5단계: 운명을 만들기- 해야 할 필요가 있는 것을 행하기

이 단계에서 사례 제공자는 논의된 변경 사항에 대한 실행 계획을 수립하여 일을 시작한다. 어떤 변화를 원하는지 표시하고 각 변화를 달성하기 위해 무엇을 할 것인지 설명한다. 다른 참여자들이 도움이 될 만한 제안을 추가한다. 사례 제공자는 첫 번째 단계로 시작하는 타임라인에 자신의 의지를 나열한다. 마지막으로 사례 제공자는 계획을 달성하기 위해 지식, 인력 및/또는 자원적 측면에서 아직 필요하다고 생각하는 것을 표시한다.

6단계: 참가자들의 통찰

각 참가자는 자신의 통찰을 적는다. 이 사례에서 무엇을 배웠는가? 선호하는 사고 및 질문 방식, 질문을 건설적이게 혹은 방해가 되게 만

든 것, 또는 다른 참가자의 질문을 통해 배운 점 등과 관련된 내용일 수 있다.

7단계: 인터비전에 대한 성찰

진행자는 사례 제공자 및 참가자와 인터비전 세션을 되돌아본다. 이 성찰은 아래 사항에 목표를 둔다.
- 사례 토론의 결과
- 학습 도구로서의 사례와 적용 방법의 성공

배경

긍정적 탐구는 1980년대 중반 미국에서 대기업과 조직에서 관료주의가 증가하는 추세에 대응하기 위해 시작되었다. 이러한 기업들은 직원들에게 감사하는 마음을 거의 보이지 않았고, 문제 해결에만 집중했으며, 비전과 사회적 야망이 전반적으로 부족했다. 또한, 사전에 준비된 전략을 일부 당사자에 의해 하향식으로 실행하는 청사진 같은 변화 접근 방식은 대안을 모색하게 만들었다.

데이비드 쿠퍼라이더David Cooperrider와 수레쉬 스리바스트바Suresh Srivastva는 긍정적 탐구의 창시자로 꼽힌다. 많은 공헌을 한 다른 유명 인사로는 로널드 프라이Ronald Fry와 다이앤 휘트니Dianne Whitney가 있다. 이들은 다음과 같이 설명할 수 있는 방법, 즉 존재하는 '최고'를 찾기 위한 공동 탐색의 기초를 확립했다. 이 과정은 사람들이 마치 일상적인 현실인 것처럼 경험담을 들려줌으로써 미래에 무엇이 가능해질 수 있는지에 대한 감을 잡게 하고, 그러한 미래를 창조하기 위한 동기로 작용하는 개인적인 욕망과 열망을 포함한다.

긍정적 탐구의 핵심에는 몇 가지 원칙과 5단계 프로세스가 포함되어 있다표 10에서 설명 및 재현. 긍정적 탐구는 좋은 대화로 이어지는 질문을 하는 것을 기본으로 한다. 질문은 긍정적이고 강점, 자질, 기회, 가능성을 목표로 한다. 자주 묻는 질문은 다음과 같다.

- 경력/인생에서 특히 자랑스러웠던 순간이나 특별한 순간에 대해 말씀해 주시겠어요?
- 업무에 기여하는 특별한 자질은 무엇인가요?
- 자신과 업무, 그리고 조직에 대해 가장 중요하게 생각하는 것은 무엇인가요?
- 이 일을 하기로 결심했던 순간을 떠올려 보세요. 무엇이 이 일을 결심하게 만들었나요?
- 업무에서 특별히 동기를 부여하는 요소는 무엇인가요?
- 지금으로부터 1년 후, 여러분이 소망과 야망을 이루었다고 상상해 보세요. 지금 여러분의 직업과 삶은 어떤 모습일까요?
- 미래에 대한 세 가지 가장 큰 소망은 무엇인가요?

긍정적 탐구는 종종 부정적인 주제나 문제에 대해 논의하는 것을 금지하는 것과 관련이 있다. 긍정적 탐구는 문제에 집착하지 않는 긍정적인 접근 방식을 추구하지만, 그러한 금지 규정은 없다. 긍정적 탐구는 주의를 기울이는 것이 더욱 커지는 경향이 있기 때문에 문제에 시간을 거의 소비하지 않는다. 긍정적 탐구의 출발점은 문제 뒤에 숨어 있는 소망을 파악하는 것이다. 예를 들어, 조직이 차별인종, 성별, 문화적 배경로 인해 어려움을 겪고 있다면 그 해결책은 정당한 소망일 수 있다. 긍정적 탐구는 한발 더 나아가 조직내 문제 해결의 이면에 있는 소망에 대해 질문한다. 그 조직은 성별, 성적 취향, 문화적 배경 또는 기타 특성에 관계없이 모든 직원에게 동등한 기회를 제공하고자 하는 것으로 나타났다. 그러면 원래의 문제가 아니라 이 소망이 변화 과정의 출발점이 된다.

긍정적 탐구방법은 종종 서로에게 친절하게 대하고 대립을 피하려는 태도와도 관련이 있다. 여기에도 이유가 있다. 사람들이 편안하고 안전하다고 느끼면 마음을 열게 되고 일반적으로 상호 작용과 의사소통의 질이 향상된다. 반대로 사람들이 안전하지 않다고 느끼면 눈에 띄지 않으려 하거나 방어적인 태도를 취하게 된다. 긍정적 탐구 프로세스의 친근함과 안전함 속에서 도발적인 대화가 이루어지기도 하지만 항상 상대방의 의견과 관점에 대한 존중을 바탕으로 한다. 대립은 일어나지만 우리가 익숙한 방식과는 다른 방식으로 이루어진다. 대립은 사람들이 인정하는 것의 차이에 관한 것이지 사람들 자신이나 그들이 옹호하는 입장에 관한 것이 아니다.

방법지침서

긍정적 탐구

1단계: 정의하기: 준비
진행자가 사례 제공자와 사례에 대해 논의한다. 사례제공자는 긍정적인 방식으로 핵심 주제를 파악한다. 사례제공자는 준비된 사례, 핵심 주제 및 선택한 방법을 진행자와 참가자들에게 보낸다.

2단계: 발견하기: 존재하는 최고의 것
사례제공자가 간략하게 사례와 목표에 대해 이야기한다. 참가자는 판단이나 연상을 하거나 확인하지 않고 질문한다. 참가자는 참가자들에게 그들이 발견한 모든 자질과 강점을 파악하도록 요청한다. 참가자들은 번갈아 가며 사례제공자에게 긍정적인 피드백을 제공한다. 사례제공자는 자신이 발견한 것을 말한다.

3단계: 꿈꾸기: '최선의 가능성'
2단계에서 제시된 대로 참가자들은 사례에 대한 설명과 사례제공자와의 관계에서 원하는 그림을 그려본다. 참가자는 다르면서 바람직한 미래에 대해 환상적으로 표현해본다. 사례제공자는 경청한다. 참가자는 이상적인 상황을 설명한다. 진행자는 플립 차트에 아이디어를 적는다. 사례제공자가 눈에 띄는 것을 선택한다. 진행자는 그룹에게 이 꿈을 현실화하기 위해 무엇이 필요한지 묻는다.

4단계: 디자인하기: '해야 할 필요가 있는 일 계획하기'
가장 큰 영향을 미치는 가장 작은 도발적인 변화의 목록을 작성한다. 진행자가 플립 차트에 기록한다. 사례제공자는 경청한다. 참가자들은 가장 유망한 세 가지 변경 사항을 선택하고 이를 권장 사항으로 제시한다. 사례제공자가 선택하고 자신의 아이디어나 마음에 드는 것을 추가한다.

5단계 운명: '해야 할 필요가 있는 것을 행하기'
사례제공자는 자신의 의도를 후속제안으로 추가한다. 사례제공자

> 는 여전히 필요한 지식, 사람 및/또는 수단을 확인한다.
>
> **6단계: 참가자들의 통찰**
> 참가자들은 통찰을 적고 공유한다.
>
> **7단계: 인터비전에 대한 성찰**
> 진행자는 사례제공자와 참가자들에게 이 인터비전 세션에 대해 어떻게 생각하는지 묻는다

참고문헌

Barrett,F.,R. Fry, H. Wittockx, *Appreciative Inquiry*, 2010.

Copperrider,D.,*Appreciative Inquiry Handbook*, Berrett-Koehler, 2003.

Ludema, j.D.,K.Whitney, B.J.Mohr,T.J.Giffin, *The Appreciative Inquiry summit*, Berrett-Koehler,2003.

Masselink,R.,J.C.de Jong,R. van den Niewwenhof, A. van Iren e.a., *Waarderend organiseren*, Gelling Publishers, 2008.

Masselink,R.,J.IJbema,*Waarderend werkboek*, Gelling Publishers, 2011.

Whiney,D.,A.Trosten-Bloom, *The Power of Appreciative Inquiry*, Berrett-Koehler, 2003.

방법 3 • 발린트 Balint

방법에 대한 간단한 설명

이 방법은 헝가리 의사이자 정신분석가인 마이클 발린트 박사Dr. Michael Balint의 이름을 따서 명명되었으며, 그는 1950년대에 의료진과 심리분석가들을 위해 이 방법을 개발했다. 이 방법은 사례 토론을 통해 자신의 '사각지대'에 대한 통찰력을 얻고 문제의 정서적 측면을 인식하는 방법이다. 발린트는 이 방법을 통해 전문가들이 자신의 문제를 더 잘 파악하고 더 나은 해결책을 찾을 수 있기를 바랐다.

발린트 방식은 특히 참가자가 상황의 '이미지'를 만드는 데 도움이 된다. 이 방법은 여러 개의 분리된 단계들로 구성된 엄격한 구조를 가지고 있다. 각 후속 단계는 그 목적에 대한 명확한 설명으로 시작하여 참가자들이 이 단계를 통해 달성하고자 하는 목표에 대해 생각할 시간을 준다. 각 단계가 끝나면 잠시 멈춰서 말한 내용과 말하지 않은 내용을 되돌아보는 시간을 갖는다.

발린트 방법의 장점은 무엇인가?

발린트 방법을 사용하면 사례 제공자의 사례내 상호 작용의 질에 대해 많은 것을 배울 수 있다. 왜냐하면 인터비전 그룹은 사례 질문의 실제 문구를 결정할 뿐만 아니라 그 영향력과 사례 제공자가 사례에서 차지하는 자신의 몫도 살펴보기 때문이다. 참가자들이 자신의 통찰력과 경험을 제공하기 때문에 사례 제공자는 이해와 더불어 사례에 대한 전체적인 그림을 얻을 수 있다. 서로의 경험을 공유하면 그룹에 부가가치가 창출되기도 한다.

이 방법의 장점과 단점

장점
- 발린트는 충분한 가이드를 보장하는 명확한 구조를 가지고 있다.
- 모든 그룹 구성원은 자신의 경험을 가져올 수 있기 때문에 사례 작업시 적극적으로 참여한다.

단점
- 이 방법은 다른 방법에 비해 참가자가 사례 제공자 자신의 통찰력에 대해 많은 질문을 하지 않는다는 느낌을 줄 수 있다. 이것은 발린트가 참가자들에게 그들의 경험과 통찰을 자주 묻기 때문이다. 예를 들어, 연상 작용이나 이미지를 생성하는 방식으로 묻는다.
- 발린트 방식에서는 단계가 엄격하게 분리되어 있어 일부 참여자들에게는 딱딱하게 느껴질 수 있다.

함정

5단계인 '이미지 만들기' 단계에서도 선입견을 갖게 하거나 참가자들이 은밀한 조언을 할 수 있다.

사용 조건

조건들		
지속시간	그룹 규모	필요 품목
2시간	5-8명	무

진행자와의 관련성				
방법의 본질	추가 준비	인터비전 진행 경험	방법을 진행하는 경험과 지식	그룹 경험의 필요성
상호작용의 질과 자신의 사각지대를 들여다 보는 통찰력	무	–	–	–

발린트의 특징은 단계가 엄격하게 분리되어 있다는 점이다. 진행자는 여러 단계가 겹치지 않도록 하고 시간을 잘 관리해야 한다. 이 방법을 사용하기 시작하기 전에 참가자들에게 목표와 구조를 설명하면 유용하다.

진행자는 각 단계마다 예상되는 내용과 이유를 설명하고 참가자들이 스스로 준비하거나 다음 단계에 대해 생각할 시간을 준다. 진행자는 단계의 시작과 종료 시점을 표시하고 다음 단계로 넘어가는 명확한 전환점이 있음을 분명히 한다.

단계들

준비

진행자와 사례 제공자는 사례, 사례 질문 및 방법 선택에 대해 미리 논의한다. 사례 제공자는 몇 문장으로 사례를 준비하고 다음과 같이

마무리한다: '제 질문은 _____ 입니다.' 선택한 방법과 함께 사례 설명을 참가자와 진행자에게 미리 보낸다.

1단계. 사례 소개

사례 제공자는 감정적인 측면을 포함하여 가능한 한 완벽하게 사례를 설명한다. 사례 질문을 명확하게 설명한다. 참가자는 주의 깊게 듣고 설명이 자신에게 어떤 영향을 미치는지 관찰한다.

2단계. 연상

모든 참가자는 사례에서 가장 먼저 떠오르는 연상을 간략하게 적는다. 연상에 어떤 이미지와 선입견이 붙어 있는지 알게 되면, 연상을 공유하는 6단계에서 마음을 내려놓고 사례 제공자에게 열린 질문을 하기가 쉬워진다.

3단계. 정보 수집

참가자는 사례 제공자에게 명료화 질문을 한다. 사례 제공자가 이에 대해 간략하게 답변한다. 모든 참가자에게 말할 기회가 주어진다. 진행자는 숨겨진 조언이 포함된 질문이 없는지 확인한다.

4단계. 이미지 만들기

모든 참가자는 필요한 경우 떠오르는 연상을 사용하여 상황에 대한 자신의 상상을 적는다. 그들에 따르면 사건의 본질은 무엇인가? 그룹은 이러한 이미지나 아이디어에 대해 토론한다. 모든 사람이 발언할 때까지 사례 제공자가 응답하지 않는 것이 중요하다. 그런 다음 사례 제공자는 제안된 이미지와 아이디어가 얼마나 유용했는지 말한다.

5단계. 인터비전 그룹에서의 행동

참가자는 인터비전 세션에서 관찰한 행동을 바탕으로 사례 제공자의 행동에 대한 피드백을 제공한다. 사례 제공자는 피드백을 기록한다.

6단계. 기타 경험

참가자들은 자신의 행동에 대해, 그리고 비슷한 상황에서 자신이 어떻게 행동했는지에 대해 이야기한다. 이를 통해 참가자들은 과거의 경험임에도 불구하고 자신의 취약한 면을 드러낸다. 사람들은 장기 자랑 같은 행동뿐 아니라 베일에 싸인 조언을 하는 것도 피해야 한다.

7단계. 사례 제공자의 통찰 및 행동 계획

사례 제공자는 자신이 얻은 통찰과 앞으로의 계획을 이야기한다.

8단계. 참가자들의 통찰

각 참가자는 자신의 통찰을 적는다. 이 사례에서 무엇을 배웠는가? 선호하는 사고 및 질문 방식, 질문을 건설적이게 혹은 방해가 되게 만든 것, 또는 다른 참가자의 질문을 통해 배운 점 등과 관련된 내용일 수 있다.

9단계. 인터비전에 대한 성찰

진행자는 사례 제공자 및 참가자와 인터비전 세션을 되돌아본다.

이 성찰은 다음에 목표를 둔다:
- 사례 토론 결과
- 학습 도구로서의 사례와 적용 방법의 성공

배경

마이클 발린트는 제2차 세계대전 중 헝가리를 탈출해 영국으로 이주했다. 그 후 부다페스트와 베를린에서 의학 및 정신분석학 공부를 마쳤다. 런던의 타비스톡 클리닉에서 일하면서 사회복지사들을 그룹으로 지도하기 시작했다. 이후에는 일반 개업의들을 그룹으로 지도하기도 했다.

참고문헌
Balint, M., The doctor, *his patient and the illness*, Churchill Livingstone, 1956(2nd edition, 2000).

방법지침서

> **발린트 Balint**
>
> **준비**
> 진행자(진행자)와 사례 제공자(사례제공자)가 사례, 사례 질문, 방법의 선택에 대해 미리 논의한다. 사례제공자는 사례를 준비하고 사례 설명과 선택한 방법을 진행자와 참가자(참가자들)에게 보낸다.
>
> **1단계: 사례 소개**
> 사례제공자는 자신의 감정을 포함하여 가능한 한 완전하게 사례를 설명한다. 사례 질문을 명확하게 설명한다.

2단계: 연상
참가자는 자신에게 처음으로 연상되는 부분을 간단히 적는다. 자신의 이미지와 연상 속의 선입견을 인식하게 되면 이미지와 선입견을 보다 쉽게 흘려 보낼 수 있어서 6단계에서 사례제공자에게 열린 질문을 물을 수 있다. 참가자들은 자신들의 연상을 공유한다.

3단계: 정보수집
사례제공자에게 명료화하기 위한 정보를 요청한다. 사례제공자는 간략하게 답변한다. 모든 참가자들에게 말할 기회가 주어진다. 진행자는 아무도 충고가 들어간 질문을 하지 않도록 한다.

4단계: 이미지 만들기
참가자들은 그 상황에 대한 자신의 비전을 적고, 그룹은 그 이미지에 대해 토론한다. 사례제공자는 응답하지 않는다. 마지막에 사례제공자는 그 이미지들이 얼마나 유용한지 표현한다.

5단계: 인터비전 그룹에서의 행동
참가자들은 인터비전 세션에서 관찰된 행동과 관련하여 사례의 행동에 대해 사례제공자에게 피드백을 제공한다. 사례제공자는 피드백을 적는다.

6단계: 기타 경험
참가자들은 비슷한 상황에서 자신의 행동에 대해 이야기한다. 참가자들은 비록 과거의 경험이지만 자신의 취약한 면을 보여준다.

7단계: 사례제공자의 통찰과 실행 계획
사례제공자가 얻은 통찰과 앞으로의 계획에 대해 이야기한다.

8단계: 참가자의 통찰
참가자들은 각자의 통찰을 적어 공유한다.

9단계: 인터비전에 대한 성찰
진행자는 사례제공자와 참가자들에게 이번 인터비전 세션에 대해 어떻게 느꼈는지 묻는다.

방법 4 • 클리닉 Clinics

방법에 대한 간단한 설명

 클리닉 방법은 사람들 간의 의사소통과 비언어적 의사소통의 근본적인 패턴에 초점을 맞추고 있다. 이 방법 창안자들의 모토는 그룹에서 실제로 이 작업을 수행함으로써 장애물을 더 많이 극복하면 할수록, 나중에 실생활에서 더 쉬워질 때 그것을 할 수 있는 용기를 더 많이 낼 수 있다는 것이다.

 이 방법의 특징은 행동으로 실천하는 것이다. 사례 제공자는 잘 풀리지 않았던 문제 상황으로 시작한다. 단 한 번의 중요한 사건이었을 수도 있고, 반복적인 패턴으로 드러나는 반응과 사건들일 수도 있다. 예를 들어, 이 상황은 의자를 공간적으로 배열하는 것이다. 의자는 사례 제공자에게 대화 파트너를 나타낸다. 사례 제공자는 상황이 잘 풀릴 때까지 자신의 역할과 다른 입장, 즉 대화 파트너의 역할을 모두 맡으면서 상황 속에서 다른 방식으로 행동하는 연습을 한다. 그룹의 다른 구성원들은 사례 제공자와 다른 당사자의 입장을 번갈아 가며 맡고 자신의 행동 대안을 제시하고 검토하는 식으로 적극적으로 참여한다.

 클리닉은 다음에 적합한 방법이다.

  1. **복잡한 관계를 빠르게** 분석하고 진단하기

2. 어려운 상황에 대비하기
3. 상대방 입장에서 생각하기, 자기주장 더 많이 하기, 긴장에 대처하기, 공격에 대응하기 등의 태도와 기술을 습득하기

클리닉 방법의 장점은 무엇인가?

성공적인 클리닉은 사례 제공자에게 더 많은 자신감을 줄 것이다. 실제로 어려운 상황을 연기해 보면 회복력이 높아지고 한계점이 낮아져서, 대립에 대처하기, 타협하기, 감사 표현하기받아들이기와 같이 평소에는 피하고 싶었던 일을 할 수 있게 된다. 이 방법의 성공은 실제 상황에서 자신감과 효율성을 높여준다.

이 방법의 장점과 단점

장점

- 클리닉의 강점은 안전한 역할 놀이 환경에서 경험할 수 있는 위태로운 상황을 보여준다는 점이다. 피드백은 가상이나 이론적 해결책이 아니라 지금 여기에서의 경험에서 나온다.
- 클리닉은 사례 제공자가 제안 사항을 들었지만 실행하거나 행동으로 옮길 수 없는 경우, 더 성찰적인 방법 같은 다른 인터비전 방법과 함께 사용하기 위한 추가 작업 형태로도 적합하다. 제안 사항이 실제로 어떤 의미를 갖는지 실제로 시도하고 느껴 보는 것이 도움이 될 수 있다. 예를 들어, 사례 제공자가 다른 사람의 행동이 어떤 영향을 미치는지 직면하기 두려워하는 경우이다. 그들은 너무 가혹하다거나 모욕적일 거라고 핑계를 댄다. 다른 참가자가 해당 행

동을 시연하는 것을 사례 제공자가 직접 대면했을 때 어떤 느낌이 드는지 경험할 수 있도록 역할을 변경한다.
- 복잡성의 정도는 점차적으로 높일 수 있다.

단점
- 이 방법은 대화로 실행할 수 있는 행위와 시연할 수 있는 사례에만 사용될 수 있다.

함정
- 참가자들이 사례 제공자를 생각하지 않고 '내가 잘하는 것 좀 봐'라는 식으로 자신의 연기에만 집중하는 식으로 행동할 수 있다. 그러면 현실이 연극무대가 되고 실습이 단순한 연기연극에서처럼로 변질되어 학습효과를 감소시킬 위험이 있다.

사용 조건

조건들		
지속시간	그룹 규모	필요 품목
1–1.5시간	5–8명	방은 돌아다니기 좋을 만큼 넓어야 하고, 사례를 제대로 표현하기 위해 여분의 가구가 필요할 수도 있다. 사례 제공자와 참가자들이 동의한다면, 피드백이 가능하도록 비디오 녹화 장비를 사용할 수 있다.

진행자와의 관련성				
방법의 본질	추가 준비	인터비전 진행 경험	방법을 진행하는 경험과 지식	그룹 경험의 필요성
역할놀이를 통해 앞으로 있을 상황에 대비해 새 행동 연습하기	무	–	–	+

클리닉은 실제 상황을 기반으로 한다. 이 방법은 진행자와 참가자들 간의 공감도가 높을 때 가장 좋은 결과를 얻을 수 있다. 다른 사람들의 다양한 행동의 상황과 영향을 인식하고 대안을 제시할 수 있어야 한다.

단계

준비

진행자와 사례 제공자는 사전에 사례, 사례 질문, 방법 선택에 대해 논의한다. 사례 제공자는 몇 문장으로 사례를 준비하고 '내 질문은…입니다.'로 끝맺음한다. 이 설명지에는 힘든 상황을 포함한다. 그리고/혹은 다루고 싶은 기술이나 행동을 명시하기도 한다. 사례 제공자는 사례와 선택한 인터비전 방법을 참가자들과 진행자에게 미리 보낸다.

1단계. 사례 설명

사례 제공자는 사례를 설명하면서 이번 기회에 실습하고 싶은 상황을 표현한다. 참가자는 어떤 기술을 시도하고 싶은지, 어떤 문제 상황을 다루거나 명확히 하고 싶은지, 이 사례와 관련된 사람은 누구인지즉, 누구와 효과적으로 의사소통해야 하는지, 의사소통기술을 누구에게 시도해 보고 싶은지 등 건설적이고 명확한 질문을 던질 수 있다. 사례 제공자는 사례 질문을 말로 표현하거나 바꾸어 말함으로써 이 실습의 목적을 결정한다. 예를 들어, '저는 …에서 더 효과적이고 싶습니다 라든가 다른 사람의 그렇고 그런 행동에 …에 더 잘 대응하고 싶습니다.'라는 식으로.

2단계. 정보 수집

진행자가 '빈 의자 기법'을 설명한다. 사례 제공자는 문제 당사자들에 따라 위치/의자를 바꿔 가며 상황을 시연한다. 첫 위치는 자신의 자리이고, 다른 위치는 함께 모임을 가졌던 혹은 모임을 할 사람이 될 수 있다. 따라서 그들은 자신의 역할 또는 대화 상대의 역할을 연기한다. 사례 제공자는 일반적인 문제 상황이나 패턴을 간략하게 설명한다. 자신의 입장과 대화 상대의 입장을 번갈아 가며 이렇게 한다.

3단계. 진단

사례 제공자가 패턴을 시연하면 진행자는 사례 제공자가 무슨 작업을 원하는지 명확하게 알 수 있는지 확인한다. 이는 다음과 같이 질문하는 것을 뜻한다: '이런 일이 이 만남에서 일반적으로 일어나는 일인가?' 또는 '여기서 장애물은 무엇인가?' 또는 '어떤 측면을 개선하고 싶은가?' 사례 제공자는 자신의 접근 방식의 주요 특징과 그에 따른 상호작용을 파악한다. 참가자는 상대의 원치 않는 반응이나 원하는 반응을 유발하는 사례 진행자의 특정 행동이나 행동 패턴을 파악한다.

4단계. 대안 제시

진행자는 참가자들에게 상황에 어떻게 대처할지 스스로 생각해 보도록 요청한다. 진행자는 자신이 어떻게 할 것인지에 관한 것이 아니라는 점을 강조한다. 실제로 그 대화 상대를 어떻게 대하고 싶은지에 대한 것이다. 이는 연기가 아닌 실제 상황이다.

그런 다음 진행자는 사례 제공자에게 영향을 받을 다른 사람의 역할을 맡아달라고 요청한다. 일반적으로 사례 제공자는 이 특정 인물을 가장 잘 연기할 수 있다. 예를 들면 때때로 사례 제공자가 문제 상황에서 실제로 어떤 역할을 하는지 명확하지 않다면 그냥 관찰만 하고 참가자들이 다른 역할을 수행하게 하는 것도 도움이 될 수 있다.

진행자는 사례 제공자에게 자신이 대화 상대의 역할을 하고 있다고 상상하고 시연이 보여주는 것을 경험해 보도록 요청한다. 이제 진행자는 가능한 한 많은 참가자에게 자신이 사례 제공자라면 대화 상대를 어떻게 대할지 보여 달라고 요청한다. 각 시연은 가능한 짧게 하고 문제의 본질에 집중한다. 한 사람당 1~2분 정도가 충분하다. 보통 시작 부분이나 달라져야 하는 핵심적인 순간을 보여 주는 것으로 충분하다. 진행자는 최고가 되는 것이 중요한 것이 아니라 사례 제공자가 다양한 접근 방식을 보고 들을 수 있도록 하는 것이 중요하다는 점을 강조해야 한다. 필요한 경우 진행자는 세션을 비디오로 녹화하여 그 접근 방식의 다른 점을 보여 줄 수 있다.

사례 제공자는 이러한 맥락에서 대화 상대가 된 기분이 어떤지 확인한다. 또한 진행자는 플립 차트에 시연에 대한 몇 가지 핵심 단어를 적고 사례 제공자에게 각 시연 후 새롭거나 달라진 점을 설명하도록 할 수도 있다.

5단계. 시도하기

이제 진행자는 어떤 접근 방식이나 시연의 역할을 시도해 보고 싶은지 묻는다. 때로는 다른 접근법의 프로필을 살펴볼 필요가 있다. 사례 제공자는 자신에게 적절하면서도 효과적인 상황에 대처하는 방법을 준비하고, 대화 상대 역할을 맡은 다른 참가자에게 새로운 행동을 시도한다. 나머지 참가자들은 피드백을 주고, 같은 방식으로 도움을 주면서 사례 제공자에게 경계를 넓힐 수 있도록 격려한다.

사례 제공자가 어떤 접근법을 시도할지 결정하지 못한 경우, 참가자가 몇 가지 예를 더 제시하거나 더 효과적이고 바람직한 특정 접근법이 무엇인지 과장해서 설명하는 것이 유용할 수 있다. 사례 제공자가 새 접근법에 익숙해졌음을 보여줄 때까지 계속 진행해야 한다.

6단계. 접근 방식 파악

사례 제공자는 자신들이 다르게 행동하도록 돕고 유사한 상황에서 더 효과적으로 행동하게 하는 시연의 요소들을 파악한다. 이렇게 하면 사례 제공자는 실제로 어떤 버튼을 눌러야 하는지 알 수 있고, 필요한 경우 더 어려운 상황에서도 다시 연습할 것이다. 참가자들은 피드백을 주고 도와준다.

7단계. 사례 제공자: 통찰과 실행 계획

사례 제공자는 어떤 통찰을 얻었는지, 행동에서 무엇을 바꿀 것인지, 이를 이루기 위해 어떤 조치를 취할 것인지에 관해 설명한다.

8단계. 참가자들의 통찰

각 참가자는 자신의 통찰을 적는다. 그들은 이 사례에서 무엇을 배웠을까? 그것은 선호하는 사고 방식 및 질문 방식에 관련된 내용일 수 있다. 무엇이 질문을 건설적으로 혹은 방해 요소로 만들었는지, 다른 참가자의 질문을 통해 무엇을 배웠는지 등.

9단계. 인터비전에 대한 성찰

진행자는 사례 제공자와 참가자들과 함께 인터비전 세션을 성찰한다. 이러한 성찰의 목적은 다음과 같다:

- 사례 토론의 결과
- 학습 도구로서의 사례와 적용 방법의 성공

배경

클리닉 또는 기술 클리닉 인터비전 방법은 1980년대 영국 GRTA Group Relations Training Association 그룹 관계 훈련 협회를 통해 만난 레이먼드 B. 콜드웰Raymond B.Caldwell과 마빈 E. 에그버츠Marvin E. Egberts에 의해 네델란드에 도입되었다.

문헌

Egberts, M., Managers en professionals coachen elkaar, in : T. Dijkstra, Coachen als tweede beroep, Thema, 2007

Egberts, M., Managers coachen elkaar, issue-paper HRM in de praktij, Kluwer Bedrijfs-wetenschappen, 1996.

방법지침서

클리닉

준비

진행자(진행자)와 사례 제공자(사례제공자)가 사례와 사례 질문, 방법 선택에 대해 미리 논의한다. 사례제공자는 사례를 준비하고 사례 설명지와 선택한 방법을 진행자와 참가자들(참가자들)에게 보낸다.

1단계 사례 설명
사례제공자는 사례를 설명하고 다루고 싶은 기술이나 태도를 파악한다.

2단계 정보 수집
사례제공자는 간략하게 사례의 일반적인 상황이나 패턴을 보여 주고 '빈 의자 기법'에 대해 설명한다.

3단계 진단
사례제공자는 그들의 접근 방식과 상호작용의 주요 특징을 파악한다. 참가자들은 사례에서 사례제공자가 대화 상대에게 미치는 영향과 특징적인 패턴을 파악한다.

4단계 대안 제시
참가자들은 대안적인 접근 방식을 실행한다. 참가자들은 무엇이 새롭거나 다른지 파악한다. 사례제공자는 대화 상대에게 미치는 영향을 파악한다.

5단계 시연
사례제공자는 새로운 접근 방식을 준비하고 한 명의 참가자에게 시도한다. 다른 참가자들은 피드백을 주고 사례제공자가 한계를 확장하도록 동기를 부여한다.

6단계 접근 방식 파악
사례제공자는 그를 효율적으로 만들어 줄 '버튼'을 파악한다. 필요할 경우 더 어려운 상황에서 이를 연습한다. 참가자들은 피드백을 준다.

7단계 사례 제공자의 통찰 및 실행 계획
사례제공자는 자신이 얻은 통찰을 말하여 공유한다.

8단계 참가자의 통찰
참가자들은 자신의 통찰을 적어서 공유한다.

9단계 인터비전에 대한 성찰
진행자는 사례제공자와 참가자들에게 이번 인터비전 세션에 대한 느낌이 어떠했는지 묻는다.

방법 5 • 잡담하기

방법에 대한 간단한 설명

잡담하기는 그룹이 사례 제공자가 문제에 어떤 기여를 할 수 있는지, 그리고 실제로 하고 있는 것에 대해 분명한 견해를 가지고 있는지 신속하게 조사하고자 할 때 유용한 도구이다. 사례 제공자에게 약점이 있을 수 있을까? 잡담하기는 참여자들이 서로의 견해와 해석을 교환하는 것이다. 잡담하기 하는 동안 도움이 될 수 있는 질문은 다음과 같다:

- 사례 제공자가 자신의 문제를 처리하는 방식에 대해 어떤 인상을 받았나?
- 사례 제공자는 그 상황을 문제 삼는데 어떻게 기여했는가?
- 이 상황이 왜 발생했나?

이 방법을 잘 마무리하고 반드시 모든 사람이 말한 내용의 견해와 의미를 해석할 수 있도록 하는 것이 중요하다. 진행자는 참가자와 사례 제공자 모두에게 마무리 질문을 하여 모든 사람이 잡담하기 세션에서 경험한 것을 이야기 나눌 수 있도록 한다.

대안으로는 동일한 절차를 사용하되, 참가자들이 자신이 강력한 방법이라고 생각하는 것, 즉 사례 제공자의 접근 방식에서 어떤 점이 마음에 드는지에 대해 주로 이야기하도록 하는 것이다. 이 방법은 사람들이 자신감이 부족하여 결과적으로 자신에 대해서만 비판적인 경향이 있을 때 유용하다.

잡담하기 방법의 장점은 무엇인가?

잡담하기는 사례 제공자가 문제의 핵심에 도달하지 못하고 자신의 맹점을 인식하지 못하여 인터비전 세션이 계속 진행될 때 명확한 피드백을 제공하기 위해 사용될 수 있다. 잡담하기는 빠른 반응을 이끌어 낼 수 있기 때문에 문제의 핵심을 빠르게 건드릴 수 있는 경우가 많다. 이를 통해 사례 제공자는 앞으로 나아갈 수 있게 된다.

이 방법의 장점과 단점

장점
- 잡담하기는 어려운 피드백을 표현하는 데 장벽이 거의 없다.
- 참가자가 새 질문을 만들 수 없는 상황에서 도움이 된다. 경험이 부족한 그룹은 종종 이 문제에 직면한다.
- 또한 인터비전 참가자가 문제 상황에서 사례 제공자의 상호작용에 대해 많은 정보와 인상을 얻는 상황에서도 효과적이다. 잡담하기는 문제의 핵심을 더 잘 보이게 할 수 있다.
- 닫힌 질문을 하거나 해결책을 질문으로 제시하는 경향이 있거나 면밀한 질문을 하기 어려운 경향이 있는 매우 해결책 지향적인 그룹에 이 방법이 도움이 된다.
- 잡담하기는 다른 인터비전 방법을 지원하는 중간 단계로 사용할 수

도 있다.

단점

- 잡담하기는 종종 정직하지 못함, 교활함과 연관되어 있다. 너무 지나치면 원하는 목표와 정반대의 효과를 가져와 부정적인 경험이 될 수 있다. 잡담하기의 목표는 상대방을 존중하는 마음으로 이야기 나누는 것이다.
- 이 방법은 민감성을 드러낼 수 있기 때문에, 둔하고 갑작스러운 도구로 경험될 수 있다. 잡담의 대상이 되는 사람은 대화에 참여하지 않아 자신을 방어할 수 없다.
- 잡담하기가 근본적인 규범과 가치에 대한 것이거나 그룹의 역동적인 프로세스에 대한 것이라면 잡담하기는 거의 효과가 없다.
- 서로를 잘 아는 그룹의 경우, 직접적인 업무 환경에서 주제에 대해 잡담을 하는 것은 비밀 유지와 안전을 보장해야 하기 때문에 적합하지 않을 수 있다.
- 그룹이 잡담하기에 제대로 집중하지 않으면, 결국 관련 없는 사례를 나누다가 끝나게 된다
- 잡담하기에 대한 사례 제공자의 개인적인 거부감프로세스에 대한 통제력 부족이 인터비전 세션 중 이 개입 방법을 사용하지 않는 이유가 될 수도 있다.

함정

잡담하기는 잘 알려진 현상이다. 우리 모두가 수다를 떨지만 그것

이 우리 자신에 대한 이야기일 때는 별로 좋아하지 않는다. 이는 인터비전에서도 마찬가지이다. 잡담하기는 사례와 관련 없는 측면에 대한 배출구가 되거나 너무 격렬하게 사용되어 사례 제공자가 불안감을 느끼게 해서는 안된다. 반드시 진행자는 잡담하기가 정중하게 이루어지도록 해야 한다.

사용 조건

조건들		
지속시간	그룹 규모	필요 품목
0.5-1시간	5-8명	무

진행자와의 관련성				
방법의 본질	추가 준비	인터비전 진행 경험	방법을 진행하는 경험과 지식	그룹 경험의 필요성
자기 인식하기, 직접적인 피드백을 통해 생각하고 행동하기	없음	−	+	−

이 방법은 안전하고 신뢰할 수 있는 그룹에서만 사용할 수 있다. 잡담하기를 위한 설정은 구체적이고 서로를 존중하며, 일반적인 사람에 대한 것이 아니라 해당 상황에서의 사례 제공자의 행동에 관한 것이어야 한다. 사례 제공자와 다른 모든 참가자들이 잡담하기에 전념하고 서로 존중하며 구체적인 대화를 나누는 것이 중요하다. 이를 보장할 수 없는 경우에는 이 방법을 권하지 않는다.

긍정적인 선택

진행자는 잡담하기를 매우 건설적인 방식으로 사용하기로 결정할 수 있다. 일반적인 잡담하기와 동일한 절차를 따른다. 참가자들은 사례 제공자의 방법과 접근 방식 중 특히 마음에 들었던 부분에 대해 이야기한다. 이는 자신감이 결여되어 있고 자기비판만 하는 한쪽으로 치우친 태도를 보이는 상황에서 유용할 수 있다.

단계

준비

진행자와 사례 제공자는 미리 사례와 사례 질문, 방법 선택에 대해 논의한다. 사례 제공자는 사례를 몇 문장으로 준비하고 '내 질문은 ___입니다.'라고 끝맺음한다. 그들은 사례 설명지와 선택한 방법을 참가자들과 진행자에게 미리 보낸다.

1단계. 사례 설명

사례 제공자가 사례를 설명한다. 다른 인터비전 방법 내에서 잡담하기가 사용되는 경우에는 이 단계를 건너뛸 수 있다.

2단계. 잡담하기

사례 제공자는 그룹 외부에 앉거나 돌아서서 더 이상 그룹에 속하지 않게 된다. 참가자들이 잡담을 한다. 이것은 참가자들이 사례 제공자에 대해 3인칭으로 말하고 서로 그 문제에 대해 이야기 나눔을 의미한다. 판단이나 비난이 아닌 한 모든 의견이 허용된다. 누구도 충고나 해결책을 제시해서는 안된다. 그룹 구성원은 사례 제공자를 쳐다보지 않는다. 사례 제공자는 말하지 않고 가장 마음에 와 닿는 내용을 적는다. 진행자는 사례 제공자가 안전한지 계속 지켜본다. 또한 말하는 내용을 사례 제공자가 잘 들을 수 있는지도 확인한다.

3단계. 사례 제공자의 통찰 및 실행 계획

진행자는 사례 제공자에게 그룹에 다시 참여해 달라고 요청한 다음, 기분이 어땠는지, 평소에는 듣지 못하는 어떤 말을 들었는지, 어떤 점을 알아차렸는지 묻는다. 사례 제공자는 가장 마음에 들었던 것, 가장 많은 통찰을 준 것, 유용하다고 생각되는 것에 대해 이야기한다. 토론은 없다. 사례 제공자가 설명을 요청할 수 있다.

인터비전 그룹의 참가자들은 자신의 경험을 공유하고 결과가 어떤지, 참가자로서 어떤 의미가 있었는지와 같은 질문에 주의를 기울인다. 진행자는 사례 제공자와 참가자들과 함께 사례에 대한 잡담하기가 제대로 마무리 되는 동안 모든 것이 다 논의되었는지 확인한다. 그리고 사례 제공자에게 어떤 조치를 취하고 싶은지 묻는다.

4단계. 참가자의 통찰

모든 참가자가 각자의 통찰을 적는다. 이 사례로부터 무엇을 배웠는가? 그것은 사고와 질문의 선호도, 문자화되지 않는 규칙, 격려가 되는 혹은 방해가 되는 질문, 다른 참가자의 질문을 통해 배운 점 등에 대한 것일 수 있다.

5단계. 인터비전에 대한 통찰

진행자는 사례 제공자 및 참가자들과 인터비전 모임에 대해 성찰한다. 이 성찰의 목적은 다음과 같다.

- 사례 토론의 결과
- 학습 도구로서의 사례와 적용 방법의 성공

방법지침서

잡담하기

준비

진행자(진행자)와 사례 제공자(사례제공자)가 사례와 사례 질문, 방법 선택에 대해 미리 논의한다. 사례제공자는 몇 문장으로 사례를 준비하고 '내 질문은 ___입니다.'로 끝맺음한다. 그들은 사례 설명지와 선택한 방법을 진행자와 참가자들(참가자들)에게 미리 보낸다.

1단계 사례 설명

사례제공자는 사례를 설명한다(잡담하기을 다른 인터비전 방법에서 사용하는 경우 1단계와 2단계는 건너뛴다.)

2단계 잡담하기

사례제공자는 그룹 바깥쪽에 앉는다(예: 의자를 돌리거나 구석에 앉는다). 그들은 말하지 않고 가장 마음에 드는 것을 적는다. 참가자들은 사례제공자에 대해 3인칭으로 이야기 하고 문제에 대해 토론한다. 충고나 해결책을 제시하지 않는다. 사례제공자를 쳐다 보지 않는다. 진행자는 사례제공자가 안전한지 계속 지켜본다.

3단계 사례 제공자의 통찰 및 실행 계획

진행자가 사례제공자를 그룹으로 다시 초대한다. 사례제공자는 가장 마음에 들었던 것, 흥미롭게 여겨졌던 것, 새로웠던 것, 관심을 끌었던 것에 대해 이야기한다. 자신에게 유용하게 보이는 것을 말하고 어떤 조치를 취할지 작성한다. 참가자들은 자신들의 경험을 공유하고 결과와 사례가 자신에게 개인적으로 어떤 의미인지에 관심을 기울인다. 진행자는 언급된 모든 것이 제대로 마무리 되었는지 확인한다.

4단계 참가자의 통찰
참가자들은 자신의 통찰을 적어서 공유한다.

5단계 인터비전에 대한 성찰
진행자는 사례제공자와 참가자들에게 이번 인터비전에 대한 느낌을 묻는다.

건설적인 잡담하기
이는 기본적으로 절차가 동일하다. 참가자들은 주로 사례제공자의 방법과 접근 방식에 대해 마음에 들었던 점에 관해 이야기한다. 이는 누군가 자신감이 결여된 상황, 예를 들면, 한 쪽으로 치우친 비판이 발달되어 있는 상황에 유용할 수 있다.

방법 6 • 거버넌스 및 윤리 강령

방법에 대한 간단한 설명

최근 몇 년 동안 좋은 거버넌스의 중요성이 더욱 부각되고 있다. 거버넌스는 기업 목표 달성을 담당하는 이사 및 관리자나 프로젝트의 리더 등 조직의 이해관계자가 조직이나 프로젝트를 '관리'하는 방식과 관련이 있다. 거버넌스는 이해관계자가 자신이 취하는 행동 그리고/또는 실행하는 정책에 대해 자신의 조직과 사회 전체에 대한 책임을 지도록 한다.

많은 회사, 업계 또는 직업에서 거버넌스 규칙을 고객과의 거래, 사례금 수령, 프로젝트에 제3자 참여 등에 대한 하나 이상의 윤리 강령 '여기서 우리는 이렇게 한다'의 형태로 정하고 있다. 점점 더 많은 기관이 이 윤리 원칙에 따라 일하고 있다. 협력해서 일할 때는 개인적인 견해가 직업이나 비즈니스와 연결된다는 점이 중요하다. 현실 속에서 이 개념을 적용하는 것이 힘들 수 있다. 강령이 있는 것과 강령을 준수하는 것은 별개의 문제이다.

강령은 다양한 형태와 크기로 존재하며 많은 강령이 다양한 이름 예: 직업 강령, 행동 강령, 청렴 강령을 가지고 있다. 이들 모두의 공통점은 회사나 조직, 직업의 가치와 규범 및 규칙을 정의한다는 것이다. 실제로 강령은 이해관계자가 독립적인 기관에 조직이 자체 강령을 준수하는 방식에 관해 판단하도록 요청할 수 있기 때문에 큰 영향력을 발휘할 수 있다.

이 인터비전 방법은 사례 제공자가 자신의 행동이 강령과 어떤 관련성이 있는지 궁금해하는 상황을 살펴본다. 해당 직업에 적용되는 윤리 기준의 관점에서 사례를 다루고 참가자들은 이를 토대로 사례 제공자에게 피드백을 준다.

이러한 사례가 주어지면, 그룹은 사례 제공자의 행위가 강령에 명시된 일반적인 규칙과 상충하는지 또는 규칙을 위반하는지 여부를 검토한다. 이 방법에는 사업 비전과 관련된 실행 사례를 가지고 작업할 가능성도 포함되어 있지만, 여기서는 행동 강령의 개념만 사용한다.

목표는 참가자들이 자신의 직업에 강령에 명시된 대로실제로는 뭐라 부르든 간에 검증 가능한 규칙이 있다는 것을 인식하게 하는 것이다. 사례 제공자는 실제 사례를 제출하여, 인터비전 과정에서 결과를 미세 조정할 수 있다. 또한 최근에 종결된 상황에 대해 논의하는 것도 도움이 될 수 있다.

거버넌스 및 윤리 강령 방법의 장점은 무엇인가?

이 방법은 개인적인 관점에서만 접근하는 대신, 또는 그와 함께 관련 직업에서 일반적으로 받아들여지는 기준의 관점에서 사례 추론에로 접근하는 것을 쉽게 만든다. 참가자는 제3자에게 왜 그런 행동을 했는지 설명할 수 있고, 기존의 틀에 반하여 자신의 행동을 정당화할 수 있다. 즉, 그들이 사례의 한계에 대해 논의할 수 있고, 이것이 직업적 가치와 어떤 관련성이 있는지 판단할 수 있다. 이 과정은 직업적 규범과 신념을 강조한다.

방법의 장점과 단점

장점

- 특정 사례 작업을 할 때는, 해당 직업이나 조직에 적용되는 원칙과 윤리 강령을 의식적으로 다루고 이를 전문화의 도구로 사용하게 한다.
- 이 방법은 전문가의 내부 윤리 영역을 풍부하게 한다.
- 이 방법을 사용하면 강령이 살아있게 되어 실제로 전문가가 강령을 능동적인 도구로 사용할 수 있게 된다.

단점

- 참가자들이 관련 윤리 강령을 알고 있어야 한다. 인터비전 그룹이 서로 다른 직업을 가진 사람들 또는 다양한 강령을 가진 회사에서 온 사람들로 구성된 경우 이 방법은 어려울 수 있다.
- 강령 또는 강령의 일부가 참가자의 윤리적 신념과 충돌할 수 있다.
- 이 방법은 정해진 규칙의 틀과 비교하여 사례 추론이 이루어지기 때문에 비난 쪽으로 기울어질 수 있다.

함정

- 사례 제공자의 입장과 이해관계에 공감하려는 경향이 있다. 하지만 고객 또는 민원인의 입장에서 생각하고 그들의 이해관계를 살피는 것도 중요하다.

• 윤리 강령은 직업적 행동에 대한 지침으로 간주되어야 하지, 옳고 그름에 대한 절대적이고 확고한 규칙으로 여겨져서는 안된다.

사용 조건

조건들		
지속시간 ⏱	그룹 규모 👤	필요 품목 🛠
2시간	5-8명	윤리 강령 복사본, 플립 차트

진행자와의 관련성				
방법의 본질 🔍	추가 준비 ⚙	인터비전 진행 경험	방법을 진행하는 경험과 지식	그룹 경험의 필요성
한계에 도달하는 개인적인 상황 조사하기 또는 해당 직업의 윤리 강령의 경계 검토하기	윤리 강령에 대한 지식	+	+	+

진행자와 참가자 모두가 관련 강령의 내용을 숙지하고 있어야 한다. 이미지를 형성하는 것과 의견을 형성하는 것을 구분하는 것이 중요하다. 처음에는 사실 정보를 검색하고, 반드시 나중에 강령 본문을 바탕으로 의견을 형성해야 한다. 이 방법으로 사례를 다룰 경우, 사례 제공자는 취약한 위치에 놓이게 된다.

단계들

준비

진행자와 사례 제공자는 사례와 사례 질문, 방법 선택에 대해 미리 논의한다. 사례 제공자는 어떻게 행동해야 할지 모르는 실제 상황이나 딜레마를 간략하게 설명한다. 이 경우, 아무 것도 하지 않는 것도 행동의 한 형태가 된다. 사례 제공자는 인터비전 세션이 끝날 때 더 잘 알고 싶거나 이해하고 싶은 것은 무엇인가와 같은 임시 사례 질문을 작성한다. 사례를 참가자들에게 미리 보낸다. 참가자들은 사례를 읽고 윤리 강령을 연구한다.

1단계. 사례 설명

진행자는 모든 참가자가 강령의 가치 하나를 출발점으로 선택하도록 한다. 예를 들어 한 참가자가 '신뢰성'을 선택한다면, 이 핵심 가치와 윤리 강령의 상응 부분을 이 세션의 틀로 사용할 것이다. 다른 참가자들은 강령의 다른 규칙이나 자신만의 개념을 선택하여 각자의 관점에서 작업한다. 사례 제공자가 자신의 사례와 연구 질문에 대해 간략하게 설명한다. 참가자들은 5분의 준비시간을 가지고 자신이 선택한 관점에서 개방형의 명료화 질문을 적는다.

2단계. 명료화 질문 1차 라운드

참가자들은 각각 두세 개의 개방적이고 명료화시키는 질문을 한다. 질문은 참가자의 사례 이해에 중요하므로, 간단하고 사실적으로 답변해야 한다. 더 이상 질문이 없으면 라운드가 종료된다.

3단계. 개인 이미지 형성

참가자들은 받은 정보를 정리하고 해당 주제와 관련된 코드의 일부와 비교하여 검토한다. 각 참가자는 사례 제공자가 규칙을 위반하는가 위반하지 않는가 등 사례에 대한 임시적인 상황을 설정한다. 참가자들은 여전히 필요한 정보를 파악하고 필요할 경우 새로운 질문을 만든다.

4단계. 명료화 질문 2차 라운드

참가자들은 심도있고 건설적인 질문을 한다. 간단하고 사실적으로 답한다.

5단계. 개별적으로 윤리 강령 연결 및 제안 사항 준비

참가자들은 사례 제공자에게 중요할 수 있는 윤리 강령 조항을 작성한다. 사례 제공자도 이 작업을 수행한다. 모두 결과를 기록한다. 참가자들은 또한 사례 제공자가 수행할 수 있는 행동을 위한 제안 사항을 준비한다.

6단계. 결과 및 제안 사항 교환

참가자들은 4단계 답변과 제안 사항을 뒷받침하는 논거를 포함하여 결과를 발표한다. 사례 제공자는 메모를 한다. 토론은 없다.

7단계. 사례 제공자의 통찰 및 실행 계획

사례 제공자는 어떤 통찰과 제안 사항이 마음에 드는지 표현한다. 선택하지 않은 제안 사항은 고려하지 않는다. 사례 제공자는 수행하고자 하는 단계에 대한 실행 계획을 수립한다.

8단계. 참가자의 통찰

각 참가자는 자신의 통찰을 적는다. 이 사례에서 무엇을 배웠는가? 선호하는 사고 및 질문 방식, 건설적인 질문, 방해가 되는 질문을 만드는 것이 무엇인지, 다른 참가자들의 질문에서 무엇을 배웠는지 등과 관련된 내용일 수 있다.

9단계. 인터비전에 대한 성찰

진행자는 사례 제공자 및 참가자들과 인터비전 모임에 대해 성찰한다. 성찰의 목적은 다음과 같다:
- 사례 토론의 결과
- 학습 도구로서의 사례 및 적용 방법의 성공
- 모든 사람이 적용 가능한 직업적 윤리 원칙 및 규칙을 인식하게 된 정도

배경

정부당국과 여러 업계, 전문가 협회 그리고 점점 더 많은 기업들이 기업의 원칙이나 전문적 원칙을 강령으로 문자화하고 있다. 종종 이러한 강령은 윤리 강령의 핵심 가치를 공식화하여, 무엇이 직업적 관행에 속하고 무엇이 속하지 않는지를 구체적으로 규정한다. 강령은 단순히 규칙을 기록하기 위해 존재하는 것이 아니다. 어쩌면 더 중요한 것은 강령이 사람들의 전문성 개발에 도움이 된다는 점일 것이다. 우리가 인터비전에서 사용하는 것은, 특히, 이 마지막 기능이다.

문헌

Es. R. van. Profeessionele ethiek- Morele besluitvorming in organisaties en profeessies, Kluwer, 2011

방법지침서

거버넌스 및 윤리 강령

준비
진행자(진행자)와 사례 제공자(사례제공자)가 사례와 사례 질문, 방법 선택에 대해 미리 논의한다. 사례제공자는 사례를 준비하고 그것과 윤리 강령과 선택한 방법을 진행자와 참가자들(참가자들)에게 보낸다. 참가자들은 강령 본문을 주의 깊게 읽는다.

1단계 사례 설명
사례제공자가 자신의 사례와 연구 질문에 대해 간략하게 설명한다. 참가자들은 5분동안 선택한 관점에서 질문을 준비한다.

2단계 명료화 질문 1차 라운드
참가자들은 더 이상 질문이 없을 때까지 명료화시키는 질문(라운드 당 2-3개)을 한다.

3단계 개인 이미지 형성
참가자들은 개별적으로 윤리 강령을 토대로 스스로 임시적인 상황을 만들어 낸다. 참가자들은 새로운 질문을 만들 수 있다.

4단계 명료화 질문 2차 라운드
참가자들은 심도있고 건설적인 질문을 한다.

5단계 개별적으로 윤리 강령 연결 및 제안 사항 준비
참가자들은 제대로 역할을 있는 윤리 강령 조항을 작성한다. 참가자들은 사례제공자를 위한 제안 사항을 작성한다.

6단계 결과 및 제안 사항 교환
참가자들은 돌아가면서 결과와 제안 사항을 제공한다. 사례제공자는 메모를 한다. 토론은 없다.

7단계 사례 제공자의 통찰 및 실행 계획
사례제공자는 어떤 통찰과 제안 사항이 마음에 드는지 파악하고 행동을 확인한다.

8단계 참가자의 통찰
참가자들은 자신의 통찰을 적어서 공유한다.

9단계 인터비전에 대한 성찰
진행자는 사례제공자 및 참가자들과 인터비전 모임에 대해 성찰한다.

방법 7 • 도움 주는 질문 Helpful Questions

방법에 대한 간단한 설명

우리는 하루 종일 유용한 정보를 수집하기 위해 우리 자신과 다른 사람들에게 많은 질문을 한다. 인터비전은 올바른 질문을 통해 사례 제공자를 돕는 것이다. 좋은 질문은 도움이 되는 질문이다. 도움이 되는 질문 방법을 통해 사람들은 인터비전에 효과적인 질문이 무엇인지에 대한 통찰력을 얻을 수 있다. 이러한 통찰력은 두 측면을 지닌다: 질문을 하는 사람의 동기와 질문이 미치는 영향에 대한 통찰력이 그것이다. 도움이 되는 질문은 학습 방법이기도 하다. 이는 인터비전 그룹뿐만 아니라 다른 업무 상황에서도 질문의 질을 향상시킨다.

이 방법을 통해 사례 제공자는 질문이 자신에게 어떤 의미인지, 그리고 그 질문이 사례에 대한 통찰력을 얻는 데 도움이 되는지 깨닫게 될 것이다. 실제로 참가자들로부터의 많은 질문은 사례의 맥락에 대한 정보를 얻고자 하는 참가자의 욕구를 다루고 있다. 하지만 사례 제공자는 이미 이러한 정보를 알고 있기 때문에 맥락에 대한 질문은 아무런 부가가치가 없다. 예를 들어 회사의 규모는 얼마나 되는지, 이 프로젝트는 얼마나 오래 진행되었는지, 담당자의 스타일은 어떤지 등이다. 편의상 우리는 이러한 질문을 '호기심 질문'이라고 부른다. 참가자의 이러한 유형의 질문은 사례 제공자를 돕기 위한 것이 아니다.

예를 들어 동료와 함께 고객과 대화를 나누고 있는데 동료가 내가 해야 할 질문에 대한 생각의 흐름을 방해하는 질문을 할 때 얼마나 짜증이 나는지 누구나 알고 있을 것이다. 동료는 다른 질문이 있는 것 같다. 그리고 여러분이 일련의 질문을 할 때는 유용할 수도 있는 고객의 답변이 아니라 여전히 물어보고 싶은 질문에 집중하게 된다.

도움이 되는 질문 방법을 사용하려면 사례 제공자를 염두에 두고 그의 답변과 비언어적 행동에 반응하여 자신의 생각이 아닌 그의 생각의 흐름을 지원할 수 있도록 해야 한다.

이 방법을 통해 인터비전 그룹은 질문의 질을 획기적으로 개선할 수 있다. 사례 제공자가 책임을 지고 있으므로 성공적인 인터비전을 위한 기회를 스스로 높일 수 있다. 질문이 사례에 도움이 된다고 생각하는지 아닌지는 사례 제공자가 직접 결정한다. 도움이 되지 않는 질문은 관심을 받지 못하고 실제로 답변도 받지 못한다. 이것이 참가자의 질문과 생각에 대한 직접적인 피드백이다.

도움 주는 질문 방법의 장점은 무엇인가요?

질문의 다양성과 질문이 사례 제공자에게 미치는 영향에 대한 통찰력을 얻을 수 있다. '로마로 가는 길은 여러 갈래가 있다'라는 말이 있듯이 학습 상황에서는 질문하는 방법도 여러 가지가 있다. 다양한 질문을 경험하는 것은 자신의 질문 레퍼토리를 넓힐 수 있는 방법이기 때문에 풍요로운 경험이 될 수 있다.

사례 제공자는 일상적인 업무에서 어떤 질문에든 자동적으로 대답하는 경향이 있다는 것을 알게 된다. **도움주는 질문**을 통해 그들은 그 질문이 자신에게 도움이 되는지 생각한 다음 질문을 한 사람에게 피드백을 주는 것이 더 낫다는 것을 알게 된다.

방법의 장점과 단점

장점

- 이 방법은 사람들이 질문에 대한 직접적인 피드백을 주고받으면서 배울 수 있기 때문에 좋은 학습 도구이다. 참가자는 자신의 질문을 다시 말하고 다시 질문할 수 있으며, 이 특정 사례에서 무엇이 사례 제공자에게 진정으로 도움이 되는지 경험할 수 있다.
- 이 방법은 인터비전 프로세스의 속도를 높여 준다. 도움이 되지 않는 질문은 무시되므로 관련성이 없거나 비효율적인 질문에 답하는 데 소요되는 시간이 줄어 든다.
- **도움이 되는 질문**은 질문의 영향력에 대한 통찰력을 제공한다. 이러한 결과는 사례 제공자에게만 도움이 되는 것이 아니라 참가자에게도 실제로 도움이 되는 질문에 대한 경험과 연습을 제공한다. 사례 제공자는 어떤 질문에 답할지 선택함으로써 참가자가 자신의 질문이 도움이 되는지 여부를 알 수 있도록 도와준다. 이를 통해 참가자는 즉각적인 피드백을 얻을 수 있다.
- 사례 제공자는 건설적인 질문을 빠르게 받아들인다. **도움이 되는 질문**이 더 효과적이며, 이렇게 하면 속도가 빨라지고 영향력이 커져 인터비전이 더 효과적이다.
- 이 방법은 경험이 없는 그룹에게도 적합하며 질문의 질을 높이고

자 하는 인터비전 그룹에게 좋은 연습이 될 수 있다.

단점
- 이 방법은 처음에는 참가자들을 당황하게 만들 수 있다. 참가자의 질문 중 일부는 사례 제공자에게 도움이 되지 않아 답변이 없는 상태로 남게 되므로 참가자는 자신의 안전지대에서 밀려나게 된다.
- 이 방법을 사용하면 참가자가 **도움되는 질문**을 형성하는 데 어려움을 느낄 경우 그룹이 침묵할 수 있다.

함정
- 사례 제공자는 도움이 되지 않는 질문에 자동으로 답변한다.
- 진행자는 결국 질문이 도움이 되는지 아닌지를 판단하는 사례 제공자에게 집중해야 한다.
- 사례 제공자는 사회적으로 바람직한또는 정치적으로 올바른 답변을 제공해야 하는 것이 아니라 어떤 것이 도움이 되는지 아닌지를 표현해야 한다.
- 이 방법은 상대방에 대해 건설적이고 열린 자세를 유지하는 것을 요구한다. 우리는 사례 제공자의 관점이 아닌 우리 자신의 관점에서 생각하는 경향이 있다.
- 때때로 **도움주는 질문**이 생각나지 않아서 '실패자'처럼 느껴질 수도 있다. 하지만 자신이 던진 질문이 특정 사례에 도움이 될 수도 있고 그렇지 않을 수도 있다는 사실을 알아두는 것이 좋다.
- 참가자들은 이를 배움의 기회로 생각해야 한다. 누가 가장 많은 질

문을 하거나 가장 좋은 질문을 하는지에 대한 경쟁이 되어서는 안 된다.

사용 조건

조건들		
지속시간	그룹 규모	필요 품목
1-1.5시간	5-8명	무

진행자와의 관련성				
방법의 본질	추가 준비	인터비전 진행 경험	방법을 진행하는 경험과 지식	그룹 경험의 필요성
사례 제공자의 사고 과정과 통찰을 지원하는 데 도움되는 질문들. 질문의 영향에 관해 사례 제공자로부터 참여자에 대한 능동적 피드백.	없음	+	-	-

도움되는 질문들에 대한 제안

사례 제공자가 질문이 도움되는지를 결정한다.
- 이것은 당신에게 무엇을 의미하나요?
- 만일 ~라면 그것은 무엇처럼 보일까요?
- ~에 대해 대안은 무엇인가요?
- 그밖에 당신은 무엇을 할 수 있을까요, 그리고 또 그밖에, 그리고 그밖에 또 무엇을..?
- 그것으로 당신에게 어떤 이익이 있나요?
- 일이 당신에게 다르게 흘러갔던 한 상황에 대해 말씀해 주시겠어요?
- 그것이 당신에게 무엇을 했나요?

- ~에 대해 당신은 무엇을 좋아하나요?
- 당신의 목표는 무엇인가요?
- ~라면 무엇이 일어날 것 같은가요?
- 어떤 특성에 당신은 기여해야 했나요?

단계들

준비

진행자와 사례 제공자는 사례, 사례 질문 및 방법 선택에 대해 미리 논의한다. 사례 제공자는 몇 문장으로 사례를 준비하고 다음과 같이 마무리한다: '제 질문은 … 입니다.' 사례 진술과 선택한 방법을 참가자와 진행자에게 미리 보낸다.

단계1. 사례 기술하기

진행자가 방법을 설명한다. 사례 제공자는 시간을 들여 모든 질문을 처리한 다음 해당 질문이 자신에게 어떤 도움이 되는지, 도움이 되는지 아닌지를 표시해야 하며 도움이 되지 않는 질문에는 대답하지 않아야 한다. 사례 제공자는 몇 문장으로 자신의 사례를 설명하고 사례 질문으로 마무리한다. 플립 차트에 적을 수도 있다.

단계2. 질문 만들기

참가자들은 먼저 도움이 될 수 있는 몇 가지 질문을 적어본다. 질문이 적힌 후에는 각 참가자가 질문하고 싶은 순서대로 순위를 매긴다.

단계3. 질문하기

- 한 참가자가 첫 번째 질문을 한다. 사례 제공자는 이 질문을 조용히 다룬다. 그런 다음 이 질문을 들은 결과 어떤 일이 일어나는지 파악하고 도움이 되는지 여부를 말한다. 이 질문을 통해 사례 제공자가 자신의 문제에 대해 생각해보도록 격려하는가? 그들은 아직 질문에 대답하지 않는다. 사례 제공자가 해당 질문이 도움이 되었다고 판단할 때만 실제 답변을 한다.
- 선택 사항: 참가자가 이 질문을 한 이유를 설명한다. 이후 그룹은 질문의 효과가 질문자의 의도와 일치하는지 여부를 파악한다.
- 다음 참가자가 자신의 첫 번째 질문을 하고 동일한 절차를 따른다. 여러 참가자가 같은 질문을 하는 경우 진행자는 중복된 질문도 하도록 결정할 수 있다. 때로는 사소한 차이가 도움이 될 수 있다. 그렇지 않은 경우, 순위가 높은 순서대로 다음 질문이 진행된다.
- 참가자들은 돌아가면서 질문을 한다. 필요한 경우 참가자들은 질문이 도움이 되었는지 안 되었는지, 그리고 그 이유를 스스로 메모한다. 진행자는 사례 제공자에게 사안을 조정할 필요가 있는지 정기적으로 확인한다.

단계4. 선택 건설적인 잡담 라운드

도움되는 질문을 떠올리고 질문하기 어려워지면 진행자는 건설적인 잡담하기 시간을 가질 수 있다. 이를 통해 참가자들은 새로운 질문에 대한 아이디어를 얻을 수 있는 새로운 통찰력을 얻을 수 있다. 건설적인 잡담에서 중요한 것은 참가자들이 도움되는 질문을 찾을 수 있는 방법을 함께 모색하는 것이다. 다음 라운드에서는 이러한 방법을 찾는 데 집중할 수 있다. 아무 질문도 하지 않는 일반적인 잡담과는 달리, 관찰이나 가설에 근거한 도움주는 질문만 던지는 방식으로 잡담을 할 수 있다. 이러한 질문은 사례 제공자의 시야를 넓힐 수 있다.

질문 예시:
- ~를 어떻게 보시고 계시나요?
- ~에 대해 실제로 어떻게 생각하시나요?
- 이 예제에서는 무엇이 당신을 ~하게 하나요?
- 당신의 목표는 무엇이 되었으면 하나요?

사례 제공자는 무엇이 가장 영향을 미쳤는지, 다음 단계에서 어떤 부분에 집중하고 싶은지 알린다. 더 자세한 설명은 방법 5 잡담하기를 참조한다.

단계5. 두 번째 질문 라운드

이 두 번째 질문은 사례 제공자에 기반한다. 질문은 참가자 순서대로 할 필요는 없다. 도움이 되는 질문이 떠오르지 않는 사람은 자신의 의도가 무엇인지 말하고 그룹에게 올바른 질문을 만들 수 있도록 도움을 요청하면 된다.

단계6. 질문의 본질

모든 질문이 끝나면 각 참가자는 사례의 본질을 하나의 건설적인 질문으로 작성한다. 예를 들어, 참가자가 사례 제공자의 일에 있어서 조언자로서 그의 책임감이 핵심이라고 생각한다면 다음과 같은 질문을 할 수 있다: '조언자가 된다는 것이 당신에게 어떤 영향을 끼치나요?' '귀하가 보기에 무엇이 좋은 조언자가 되게 하나요?'와 같은 질문을 할 수 있다.

참가자들에게 이 질문이 너무 어렵다면 다음과 같이 건설적인 질문을 만드는 것도 대안이 될 수 있다: '내 이슈는 ~?' 이 질문에 답하는 것이 참가자로 하여금 사례 제공자의 입장에서 생각해 볼 수 있게 한다.

단계7. 사례 제공자: 통찰 및 실행 계획

사례 제공자는 어떤 통찰을 얻었는지, 행동에 어떤 변화를 가져올 것인지, 이를 위해 어떤 조치를 취할 것인지 설명한다.

단계8. 참여자의 통찰

각 참가자는 자신의 통찰을 적는다. 이 사례에서 무엇을 배웠나? 선호하는 사고 및 질문 방식, 무엇이 질문을 건설적이게 혹은 방해가 되게 하는지, 다른 참가자의 질문을 통해 무엇을 배웠는지 등과 관련된 내용일 수 있다.

단계9. 인터비전에 대한 성찰

진행자는 사례 제공자 및 참가자와 인터비전 세션에 대해 성찰한

다. 이 성찰의 목적은 다음과 같다:
- 사례 토론의 결과들
- 학습 도구로서의 사례와 적용 방법의 성공 여부

배경

모니크 벨러슨과 이네즈 콜먼은 네덜란드에서 출간된 인터비전 실습에 관한 책인 'Praktijkboek Intervisie'의 저자이다. 두 사람 모두 인터비전 진행자로서 다년간의 경험을 가지고 있다. 두 사람은 폴 반 아그텐Paul van Agten의 '도움이 되는 질문' 방법을 개발하는 데 영감을 받았다. 그들은 사람들이 다른 사람을 돕기 위해서가 아니라 실제로 질문하는 사람의 이익을 위해 많은 질문을 한다는 사실을 발견했다. 이 방법을 사용하면 상대방의 말을 제대로 듣고 제공된 정보를 바탕으로 행동하는 능력을 향상시킬 수 있으며, 이는 소통 기술 향상에 기여할 수 있다.

방법지침서

도움주기 질문

준비
진행자와 사례 제공자가 사례, 사례 질문, 방법의 선택을 사전에 논의한다.
사례 제공자는 사례를 준비하고 사례 기술과 선택한 방법을 진행자와 참가자들에게 보낸다.

1 단계: 사례 설명
사례제공자는 한두 문장으로 사례를 설명하고 사례 질문으로 마무리한다.

2 단계: 질문 만들기
참가자들은 하고 싶은 질문을 만들어 순위를 매긴다.

3 단계: 질문하기
참가자들은 자신의 첫 번째 질문을 한다. 사례 제공자가 질문을 처리하고 답변하지 않고 도움이 되는지 판단한다. 사례 제공자는 도움이 되는 경우에만 답변한다.
선택 사항: 참가자들은 질문에 동기를 부여하고 사례 제공자에게 있어서 질문의 효과를 테스트한다.

4 단계: (선택 사항) 도움되는 잡담하기 라운드
질문이 다 떨어지면 진행자는 새로운 통찰을 위해 건설적인 잡담하기 시간을 추가할 수 있다.

5 단계: 두 번째 질문 라운드
두 번째 질문 라운드. 필요하다면 참가자들은 좋은 질문을 만드는 데 있어 서로 도움을 줄 수 있다.

6 단계: 질문의 본질
모든 질문이 끝나면, 각 질문은 하나의 건설적인 질문으로 사건의 본질을 요약한다.

7 단계: 사례 제공자: 통찰 및 실행 계획
사례 제공자는 그들이 얻은 통찰, 새로운 행동 방식, 그리고 이를 달성하기 위해 어떤 단계를 거쳤는지를 알린다.

8 단계: 참가자 통찰
참가자들은 자신의 통찰을 적고 공유한다.

9 단계: 인터비전에 대한 성찰
진행자는 사례 제공자와 참가자들에게 이번 인터비전 세션에 대해 어떻게 느꼈는지 묻는다.

방법 8 • 사건 방법 Incident Method

방법에 대한 간단한 설명

사건 방법은 사례 제공자에게 강한 감정을 불러일으킨 특정 상황사건을 처리하는 데 특히 적합하다. 사례 제공자가 화를 내거나 말을 잃거나 매우 흥분한 상황 등이 이에 해당한다. 이 경우 사례 제공자의 행동에 대해 논의할 수 있다. 사례 제공자가 미리 결과에 대해 이야기하지 않는 것이 중요하다.

참가자들은 명료화하는 질문을 통해 그 상황이 사례 제공자에게 불러일으킨 감정에 대한 자신의 이미지를 형성하려고 노력한다. 참가자들은 자신의 경험이나 아이디어를 공유한다. 참가자들이 상황에 대한 통찰력을 제공함으로써 사례 제공자는 여전히 유용할 수 있는 가능한 대안적 행동을 모색하게 된다.

사건 방법의 장점은 무엇인가요?

이 방법을 사용하면 사안에 대한 특정 접근 방식이나 전략을 조사할 수 있다. 가능한 대안을 찾고 통찰이 의미하는 바를 발견할 수 있다. 이 방법은 매우 구체적이기 때문에 실제 경험이나 시나리오를 공유하는 데 매우 유용하다.

방법의 장점과 단점

장점

- 사건 방법은 쉽게 할 수 있다. 경험이 없는 그룹이나 의사소통/언어 능력이 좋지 않은 그룹에 적합하다. 주어진 상황에서 대안적인 행동과 그 결과에 대해 생각하도록 도와준다.
- 이 방법은 특히 얼마 전에 일어난 감정적이고 의미 있는 상황에 적합하다.

단점

- 참가자가 질문을 할 때 사물을 과도하게 해석하여 사실에 입각한 정보를 충분히 묻지 않을 위험이 있다.
- 4단계에서는 참가자가 상황에 대한 개인적인 견해를 제시하고 공개적으로 선택을 함으로써 자신을 드러낸다. 한 가지 위험은 참가자가 제안한 솔루션이 사용되지 않으면 인정받지 못한다고 느낄 수 있다는 점이다.
- 해당 사건은 아직 해결해야 할 문제 또는 아주 최근에 발생한 상황에 관한 것이다.
- 참가자는 사례나 사례 제공자에 대해 이야기하지 말고 스스로 상황을 분석해야 한다.

사용 조건

조건들		
지속시간 ⏱	그룹 규모 👤	필요 품목 🛠
1-1.5시간	5-8명	무

진행자와의 관련성				
방법의 본질 🔍	추가 준비 ⚙	인터비전 진행 경험	방법을 진행하는 경험과 지식	그룹 경험의 필요성
실제 상황에 대한 대안적인 행동 발견하기	없음	-	-	-

단계

준비

진행자와 사례 제공자는 사례, 사례 질문 및 방법 선택에 대해 미리 논의한다. 사례 제공자는 몇 문장으로 사례를 준비하고 다음과 같이 마무리한다: '제 질문은 …입니다'. 사례 제공자는 상황이 어떻게 끝났는지 또는 그 후 어떻게 행동했는지는 밝히지 않는다. 사례 제공자는 선택한 인터비전 방법과 함께 사례 진술을 참가자와 진행자에게 미리 보낸다.

단계1. 사건 설명

사례 제공자는 상황이 어떻게 끝났는지 또는 그 후 어떻게 행동했는지는 말하지 않고 최근 발생한 사건을 자신의 말로 설명한다. 간략하고 사실적으로 설명하지만 자신의 감정도 포함한다. 어떤 해석도 하지 않고 일어난 일에만 집중한다. 다음과 같이 알려줄 수 있다:
- 사건이 어떻게 시작되었는지
- 어떤 식으로 관여했는지
- 어떤 책임을 맡았거나 맡게 되었는지
- 어떤 목표를 이루고 싶었는지
- 정확히 무엇을 했는지, 다른 사람들은 무엇을 했는지

참가자들은 사례 제공자의 입장이 되어 보려고 노력한다. 사례 제공자가 실제로 행동하는 '영화'를 상상해 보려고 노력한다. 질문은 하지 않고 사실과 자신의 생각을 적는다. 해결책을 제시하지 않는다.

단계2. 질문하기

참가자들은 사건 발표 중에 적어둔 질문을 한다. 참가자들은 사례 제공자의 역할, 행동 및 입장을 조사한다. 질문은 사실적 상황에 대한 통찰력을 제공해야 한다. 질문은 다음과 같을 것이다:
- 그 전에 정확히 무슨 일이 있었는지
- 이미 일어난 일은 무엇인지
- 누가 참여했는지
- 누가 무슨 말을 했는지
- 어떤 반응을 보였는지
- 사례 제공자가 정확히 무엇을 느꼈는지
- 상황이 얼마나 오래 지속되었는지

- 관련된 다른 사람들과의 관계는 무엇과 같았는지

사례 제공자는 각 질문을 주의 깊게 듣고 가능한 한 간결하고 요점만 정확하게 사실에 입각한 답변을 제공한다. 이 사건에 대해 다른 관점을 강요하지 않는다.

단계3. 상황 논의하기

참가자들은 마치 자신이 사례 제공자가 된 것처럼 1인칭 '나'로 말함 상황을 논의한다. 그들은 연관성을 도출하고 얻은 정보를 해석한다. 이 대화는 상황의 배경 및 사례 제공자의 무의식적인 관점과 동기에 대한 통찰을 드러내도록 하기 위한 것이다. 참가자들은 아래 측면에 따라 상황을 어떻게 바라보는지 알려준다:

- 어떤 상황인가요?
- 어떤 것이 근본적인 원인인 것 같나요?
- 이유는 무엇이었나요?
- 사례 제공자는 어떤 입장을 취했나요?
- 사례 제공자는 질문 제시에 있어 어떤 역할을 했나요?
- 사례 제공자는 문제의 지속적인 존재에 대해 어떤 견해를 가지고 있나요?
- 여기에는 어떤 신념, 규범, 가치관이 영향을 미쳤나요?

사례 제공자는 이 토론에 참여하지 않는다. 그는 보고, 듣고, 무엇이 마음에 드는지 메모한다. 마지막으로 참가자의 이미지에 대해 짧은 피드백을 주고 계속 진행할 것들을 선택한다. 사례 제공자는 그것들에 대한 질문을 만든다.

단계4. 대안 찾기

모든 참가자는 이 상황에서 자신이 어떤 태도를 취할 것이라고 생각하는지 적고, 돌아가면서 자신이 어떻게 할 것인지 간략하게 말한다. 발표가 진행되는 동안 다른 참가자들은 아무 말도 하지 않고 질문도 하지 않는다. 그룹은 다양한 접근 방식과 실행 및 결과에 대한 차이점, 배경, 견해 및 아이디어에 대해 토론한다. 사례 제공자도 각자의 선택 사항을 적고 공유한다.

단계5. 사례 제공자: 통찰 및 행동 계획

사례 제공자는 자신이 해왔거나 할 것이라고 생각하는 일을 설명하고 이를 다른 참가자가 언급한 대안과 연결시킨다. 어떤 제안과 대안이 각자의 상황에 가장 적합한가? 사례 제공자가 혼자서 적용할 수 있었을까? 어떤 견해가 중요한 역할을 했나요? 사례 제공자는 무엇을 할 것인가?

단계6. 참가자 통찰

모든 참가자가 각자의 통찰을 적는다. 이 사례에서 무엇을 배웠는가? 선호하는 사고 방식과 질문 방식, 자극적이거나 방해가 되는 질문, 다른 참가자의 질문을 통해 무엇을 배웠는지 등에 관한 내용일 수 있다.

단계7. 인터비전에 대한 성찰

진행자는 사례 제공자 및 참가자와의 인터비전 세션을 되돌아본다. 성찰의 목표는 다음과 같다:
- 사례 토론의 결과
- 학습 도구로서의 사례와 적용 방법의 성공

배경

제2차 세계대전 중 미 육군 항공단 산업/조직심리학부 책임자인 존 C. 플라너건 대령 Colonel John C. Flanagan은 너무 많은 훈련병 조종사들이 연습용 비행기를 추락시키는 바람에 전투기 조종사 교육을 개선해 달라는 요청을 받았다. 제공되는 훈련은 중대한 비행 사고에 초점을 맞춰야 했다. 심리학자인 플라너건은 사고에서 살아남은 훈련생들을 인터뷰하고 그들이 행동 측면에서 무엇을 잘못했는지 정확히 설명해 달라고 요청했다. 이러한 인터뷰는 주제별 과제를 수행하기 위해 효율적, 비효율적인 행동에 대해 질문하는 방법인 **비판적 사건 프로세스**의 기초를 형성했다. 진행자 플라너건은 이 프로세스를 개선하여 1954년에 게재된 보고서인 '비판적 사건 기법'The Critical Incident Technique에서 자세히 설명했다.

참고문헌

Flanagan, J.C., Critical Incident Technique, *Psychological Bulletin*, 51(4), July, 1954, p 327-358.

방법지침서

사건 방법

준비

진행자(진행자)와 사례 제공자(사례제공자)가 사례, 사례 질문, 선택한 방법에 대해 논의한다. 사례제공자는 사례를 준비하고 사례 설명과 선택한 방법을 진행자와 참가자들에게 보낸다.

1 단계: 사건 진술

사례제공자는 사건을 해석하거나 결과를 밝히지 않고 짧고 사실적인 방식으로 설명한다. 참가자는 경청하고, 질문은 하지 않고 사실과 생각에 대한 질문을 적는다.

2 단계: 질문하기

해당 상황에서 사례제공자의 역할, 행동 및 입장을 명확히 할 수 있도록 참가자들이 돌아가며 질문을 한다. 토론은 하지 않는다. 사례제공자가 간단한, 사실적인 답변을 한다.

3 단계: 상황에 대해 토론하기

참가자들은 자신이 사례제공자인 것처럼 상황을 논의한다. 사례제공자는 경청하고, 어떤 점이 마음에 드는지 적고, 다양한 분석에 간단히 응답하고, 그룹이 계속 진행할 분석을 선택하고, 자신의 사안을 정리한다.

4 단계: 토론 단계: 해결책 제시하기

참가자들은 이 상황에서 어떻게 할 것인지 적는다. 한 명씩 돌아가면서 각자의 접근 방식에 대해 간략하게 토론한다. 토론이나 질문은 하지 않는다.
실행과 결과에 관해 다양한 배경, 견해, 아이디어를 포함하여 제시된 접근 방식에 대해 토론한다.

5 단계: 사례 제공자: 통찰 및 실행 계획

사례제공자는 자신이 해왔거나, 할 예정이거나, 하고자 약속한 일을 말하고 이를 참가자들의 대안과 연관시킨다. 이 상황에 맞는 것은 무엇이며, 효과적인 것은 무엇인가? 어떤 견해가 중요한 역할을 하는가? 참가자들은 질문을 하고 소감을 말함으로써 도움을 준다. 사례제공자는 배운 내용을 말한다.

6단계: 참가자 통찰
참가자들은 통찰을 적고 공유한다.

7단계: 인터비전에 대한 성찰
진행자는 사례제공자와 참가자들에게 이번 인터비전 세션에 대해 어떻게 느꼈는지 묻는다.

방법 9 • 10단계 방법 Ten Step Method

방법에 대한 간단한 설명

10단계 방법은 촘촘하고 단순한 구조로 되어 있다. 이 방법의 목표는 사례 제공자가 실제 문제나 업무 상황의 갑작스러운 변화에 대처하는 데 도움을 주는 것이다. 사례 제공자는 10개의 명확한 단계그리고 하나의 준비 단계를 통해 상황에 대한 설명부터 구체적인 행동 수립에 이르는 과정을 안내받게 된다. 항상 중심 질문은 다음과 같다: 사례 제공자가 해당 사례 및 해당 사례의 다른 당사자들과 어떤 관계를 맺고 있는가? 그들의 행동 뒤에 숨은 근본적인 생각과 가정은 무엇인가? 사례 제공자가 이러한 숨겨진 동인drivers을 얼마나 인식하고 있으며 얼마나 '옳은' 것인가?

이 방법의 구조는 다른 참가자가 자신의 분석과 문제를 사례 제공자의 사례에 투영하지 않도록 보장한다. 이 방법을 사용하면 사례 제공자가 그룹이 사례를 어디까지 다룰지 결정하기 때문에 사례 제공자가 그룹이 사례를 다루는 방식을 통제할 수 있다. 차분하고 사려 깊은 단계는 사례 제공자에게 성찰할 수 있는 시간을 제공한다.

또한 참가자들은 그룹 내 다른 사람들의 질문과 사례 제공자가 이에 대해 어떻게 느끼고 반응하는지에 주의를 기울일 수 있는 충분한 기회를 갖게 되어 스스로 학습 과정을 촉진할 수 있다. 또한 이 구조는 사례 제공자에게도 차분한 분위기를 조성한다. 참여자들이 서로를 밀치며 질문하려고 하지 않는다. 이 단계는 진행자의 역할에 많은 도움을 준다.

10단계 방법의 장점은 무엇인가요?

10단계 방법은 구조상 항상 성공적이며 명확한 행동 방침으로 자연스럽게 끝난다. 이 방법은 새로 얻은 통찰력을 바탕으로 구체적인 행동의 필요성을 명시적으로 요구한다.

방법의 장점과 단점

장점
- 이 방법은 배우기 쉽기 때문에 경험이 없는 인터비전 그룹에 적합하다.
- 이 구조는 사례 제공자에게 안정감과 평화로움, 그리고 방향성을 제공한다.
- 참가자들은 사례 제공자가 주는 피드백을 통해 서로의 질문을 적극적으로 학습한다.
- 조용한 단계들이 사례 제공자에게 과정과 진행 상황을 돌아볼 수 있는 공간과 시간을 제공한다.

단점
- 참가자는 몇 번만 사용한다 해도 고정된 구조가 부담스러울 수

있으며, 이로 인해 실행에 신중하지 않아 오는 위험이 추가될 수 있다.
- 10단계를 모두 거치다 보면 시간이 많이 걸리는 것처럼 느껴질 수 있다.
- 이 방법은 사례 제공자의 저변에 깔려있는 가치와 규범에 대한 통찰력을 얻는 데는 적합하지 않다.

함정

- 이 방법은 두 단계로 구성된다. 첫 번째 단계는 문제를 조사하고 구체화하는 것이다. 두 번째 단계는 대안을 모색하는 것이다. 실제로 사람들은 첫 번째 단계에 상대적으로 더 집중하는 경향이 있다. 이런 경우 이 방법은 효과가 떨어진다.
- 두 번째 단계에 더 중점을 두면 참가자는 자문 역할을 맡는 경향이 있으므로 사례 제공자가 자신의 통찰력을 얻는 데 도움이 되지 않는다.
- 단계에 충실하려면 규율이 필요하다. 구조를 잃어버리면 결국 집중력을 잃고 헌신이 부족해진다.

사용 조건

조건들		
지속시간	그룹 규모	필요 품목
2-2.5시간	5-8명	플립 차트, 마커 펜

방법의 본질	추가 준비	진행자와의 관련성		
		인터비전 진행 경험	방법을 진행하는 경험과 지식	그룹 경험의 필요성
명료한 행동으로 가도록 실제 이슈를 다루는 구조화된 접근	무	-	-	-

단계

준비

진행자와 사례 제공자는 사례, 사례 질문 및 방법 선택에 대해 미리 논의한다. 사례 제공자는 몇 문장으로 사례를 준비하고 다음과 같이 마무리한다: '제 질문은…입니다'. 사례 제공자는 사례 진술과 선택한 인터비전 방법을 참가자와 진행자에게 미리 보낸다.

단계1. 사례 설명

사례 제공자는 상황에 대한 간단한 정보를 제공하고, 사건에 관련된 사람들에 대한 인상, 성찰 및 판단에 대해 이야기한다. 이것은 사례 제공자가 사건을 사실적으로 관찰하고 의식적으로 경험하는 순간이다. 그들은 특정 상황에서 그들이 행동한 방식과 지금까지 수행한 활동에 대해 논의한다. 사례 제공자가 이슈를 공식화하는 동안 참가자들은 질문하지 않고 주의 깊게 경청한다. 참가자들은 상황을 가장 명확하게 파악하려고 노력한다.

단계2. 참여자가 질문만들기

참가자는 사례 제공자에게 명확한 질문을 하여 상황에 대한 자신의 견해를 완성한다. 모든 참가자는 사례 제공자와 사례 사이에 있는 관계의 일부 측면을 명확히 할 수 있는 세 가지 질문을 작성한다. 참가자는 열린 질문을 하고 제안을 하거나 질문으로 제시된 제안을 하는 것은 삼가한다. 질문은 플립 차트에 적는다.

사례 제공자는 질문을 주의 깊게 경청하고 질문이 자신에게 어떤 영향을 미치는지 기록하며 대답하지는 않는다. 진행자는 사례 제공자가 평화롭고 차분하게 질문을 다룰 수 있도록 그룹에 차분한 분위기를 조성하여 각 질문에 적절히 대응한다.

단계3. 사례 제공자에 의해 질문을 평가하기

사례 제공자는 시간을 들여 한 번에 하나씩 질문을 평가하고 각 질문에 다음과 같이 등급을 매긴다: + =따뜻함, o =중립 또는 − =냉정함 따뜻함은 질문이 사례 질문과 관련이 있음을 의미한다. 차갑다는 것은 질문이 사례와 관련이 없음을 의미한다. 중립은 질문이 흥미로울 수 있지만 사례와 관련이 있는지 여부가 명확하지 않음을 의미한다. 질문이 불분명한 경우 사례 제공자는 명료화를 요청할 수 있다.

참가자는 사례 제공자의 평가에 응답하지 않는다. 그러나 망설임이나 몸짓에는 주의를 기울일 수 있다. 토론은 하지 않는다.

단계4. 사례 제공자가 질문에 답변하기.

사례 제공자는 따뜻한 질문에 간단하고 핵심적으로 답변한다. 중립 및/또는 냉정한 질문에 답변할지 여부를 결정한다. 한편, 참가자들은 답변의 내용이 3 단계에서 제시한 평가와 일치하지 않더라도 의견을 제시하지 않고 토론에 참여하지 않는다.

단계5. 질문하기 마지막 라운드또는 잡담하기 선택

참가자는 사례 제공자의 사안에 대해 질문할 수 있는 기회를 얻는다. 이 과정은 더 이상 질문이 없을 때까지 계속된다. 사례 제공자는 가능한 한 간결하게 답변한다. 다시 말하거니와 토론은 없다. 따뜻한 답변에 주의를 기울이며 의심과 딜레마를 찾는다. 진행자는 사례 제공자가 질문을 듣고 제대로 답변할 수 있는 시간을 갖게 한다.

선택 사항

이 단계는 잡담하기로 대체할 수 있다. 참가자들은 질문을 하는 대신 지금까지 들은 내용과 그 내용이 자신에게 어떤 인상을 주었는지 이야기한다. 사례 제공자는 잡담을 하는 동안 참석하지만 그룹을 등지고 앉는다. 그는 잡담에서 말하거나 잡담에 관여하지 않는다. 그는 들은 내용을 메모한다. 잡담하는 시간이 끝나면 사례 제공자에게 무엇을 알아차렸는지 물어본다. 방법 5, 잡담하기 참조

단계6. 사례의 핵심을 구성하기 Formulating

참가자들은 사례 제공자의 사안의 핵심을 적는다. 참가자는 사례 제공자의 입장이 되어 글을 쓴다: '내 문제는 ~이다.' 사례 제공자도 처음 다섯 단계를 거친 후 자신의 문제에 대해 어떻게 생각하는지 적는다.

사안은 '행동하기'와 수행한 '역할하기'의 관점에서 파악해야 한다. 사례 제공자의 특징적인 스타일이나 지배적인 관점도 언급할 수 있다. 사례 제공자의 것들을 제외한 모든 공언들formulation은 플립 차트에 기록한다.

단계7. 사례 제공자가 핵심 공언들을 평가하기

플립 차트에서 사례 제공자는 +따뜻함, o중립 또는 −차가움의 관점에서 을 공언을 평가한다4단계 참조. 토론은 없다.

단계8. 사례 제공자가 선택하기

사례 제공자는 플립 차트에 공식화된 자신의 사안을 적고, 참가자의 공언에 대해 어떤 점이 마음에 드는지 이야기하고8단계, 왜 어떤 것이 따뜻하거나 차갑거나 중립적인지 설명한다. 그런 다음 그는 각 공언별로 자신의 핵심 공언에 사용하고 싶었던 것을 알려 준다.

다른 참가자들은 자신의 공식 이면에 있는 동기를 설명한다. 그런 다음 사례 제공자의 행동, 관점 또는 스타일을 겨냥한 명확한 질문을 할 수 있다. 사례 제공자는 자신의 사안을 재구성하고 이를 플립 차트에 기록하는 것으로 이 단계를 마무리한다. 예를 들어 원하는 행동과 실제 행동 사이의 긴장감, 또는 직업적 목표와 상황에서 발생하는 기대치 사이의 긴장감 등의 관점에서 사안을 공식화한다.

단계 9. 어떤 힘이 사례가 계속 진행되게 만드는가?

참가자들은 사례 제공자의 행동을 변화시키지 못하게 하는 힘에 대해 살펴본다. 사례 제공자는 자신의 직업적 행동을 변화시키기 위해 사안을 어떻게 다룰 수 있는지 설명한다. 참가자들은 건설적인 요소와 방해가 되는 요소를 지적한다.

가능한 질문

- 무엇을 바꾸고 싶나요?
- 나는 어떤 변화를 직면하고 있나요?
- 딜레마를 일으키는 요소는 무엇인가요?
- 어떤 반대적인 극들이 망설임의 원인이 되나요?
- 어떤 이점과 이의가 보이나?
- 어떤 결과를 보고 있나요?
- 어떤 점을 고려할 필요가 있나요?
- 이것을 어떻게 소개할 수 있나?
- 어떤 단계들을 취하기 원하나요?
- 무엇을 배우고 싶은가요?
- 이제부터 내가 보고 싶은 것은 무엇인가요?
- 자신에 대해 무엇을 발견했나요?
- 이 통찰의 결과는 무엇인가요? 그것으로 무엇을 할 것인가?
- 일주일, 한 달 또는 분기 내에 달성하고 싶은 목표는?
- 이것이 내가 '배우는' 방식에 대해 무언가를 말하는가?

단계10. 참가자 통찰및 인터비전에 대한 성찰

각 참가자는 자신의 통찰을 적는다. 이 사례에서 무엇을 배웠나? 선호하는 사고 및 질문 방식, 질문이 건설적이었는지 방해가 되었는지, 다른 참가자의 질문을 통해 무엇을 배웠는지 등과 관련된 내용일 수 있다.

진행자는 사례 제공자 및 참가자와 함께 인터비전 세션을 되돌아본다. 이 성찰의 목적은 다음과 같다:

- 사례 토론의 결과들
- 학습 도구로서의 사례와 적용 방법의 성공

배경

10단계 방법은 네덜란드의 경영 컨설턴트인 피터 스타레벨드Peter Starreveld가 1980년에 고안한 방법이다. 그가 이 방법을 개발하게 된 계기는 한 정부 기관의 질문 때문이었다. 이 기관은 직원들이 서로 대화를 시작하고, 즉각적인 해결책을 찾지 않고도 서로에게 질문을 던지도록 유도하고자 했다. 이 방법은 10단계로 구성되어 있었다. 이 방법의 확고한 구조는 참가자들에게 사안의 핵심에 도달하기 위한 전제 조건인 안정감을 준다.

방법지침서

10단계 방법

준비
진행자와 사례 제공자가 사례, 사례 질문, 선택한 방법에 대해 미리 논의한다. 사례제공자는 사례를 준비하고 사례 설명과 선택한 방법을 진행자와 참가자(참가자들)에게 보낸다.

1단계: 사례 진술
사례 제공자가 간단히 사례를 설명한다. 참가자들은 듣기만 한다.

2단계: 참가자들의 질문 작성하기
참가자들이 사건에 대한 그림을 완성하기 위한 질문을 작성한다. 참가자들은 사례 제공자와 사건의 관계에 대해 명확히 알려 줄 수 있는 세 가지 질문을 적는다. 이 질문들은 모두 큰 소리로 읽은 후 플립 차트에 기록한다. 사례 제공자는 질문이 자신에게 어떤 영향을 미치는지 듣고 기록한다.

3 단계: 사례 제공자의 질문 평가
사례제공자는 모든 질문을 다음과 같이 평가한다:
+ 따뜻하고 중요한 사례 질문,
o 중립; 관련성이 있지만 사례 질문과 명확한 연관성이 없거나
− 차가운, 사례 질문과 연결되지 않음
참가자들은 응답하지 않는다.

4 단계: 사례 제공자가 질문에 답변하기
사례 제공자는 질문에 최대한 친절하고 핵심을 짚어 답변한다. 참가자들은 의견을 말하지 않는다.

5 단계: 질문 마지막 라운드
사례 제공자의 사안에 대해 질문 라운드를 한다. 사례 제공자가 요점을 정확하게 답변한다. 토론은 하지 않는다.
〈선택 사항: 이 단계는 잡담하기로 대체할 수도 있다.〉

6 단계: 사례의 핵심 작성하기
사례 제공자의 사안의 핵심을 다음과 같이 적는다: '내 문제는 ____ 이다.' 사례 제공자도 현재 사안에 대해 어떻게 느끼는지 기록한다. 핵심은 플립 차트에 기록된다.

7 단계: 사례 제공자가 핵심 공언을 평가하기
사례 제공자는 플립 차트에서 핵심 공언을 따뜻함, 차가움 또는 중립의 관점에서 평가한다. 토론은 없다.

8단계: 사례 제공자가 하나의 공언을 선택하기
사례 제공자는 플립 차트에 자신의 공언된 핵심을 적고 8단계에서 요점을 논의한다. 새로운 핵심을 작성한다.. 참가자들은 자신의 핵심 공언에 동기를 부여한다.

# 방법 10 · U 프로세스 U procedure

방법에 대한 간단한 설명

U 프로세스는 새로운 행동을 제시하기 위해 사례 제공자 안에 깔려있는 저변의underlying 직업적 견해, 자질, 규범 및 가치를 명시적으로 조사한다. 이 방법의 원리는 문제에 대한 모든 해답은 무의식적으로 이미 존재하며, 단지 사례 제공자 자신의 인식이나 관련자들의 마음속에 아직 표면화되지 않았을 뿐이라는 것이다. 참가자들은 사례 제공자가 U의 한쪽상황에서 다른 쪽새로운 행동으로 가기 위해 필요한 것이 무엇인지 발견하도록 돕는다. 이를 통해 참가자들은 과거와 미래 모두로부터 배우게 된다.

프리드리히 글라슬Friedrigh Glasl과 더크 렘슨Dirk Lemson의 아이디어에서 영감을 받은 오토 샤머Otto Scharmer는 이 개념을 U 이론으로 번역하였다. 그는 이를 '현존으로부터 작업하기working from presencing' 곧, '현재'presence 우리 자신의 존재와 미래의 존재'와 '감각'sensing을 연결하는 것으로 표현하였다. 그 과정은 미래의 실현성취은 우리 자신에 달려 있다는 것을 보여준다.

U 프로세스는 사례 제공자의 특정 문제, 즉 전문적 행동의 한 측면에 관한 것으로 시작한다. 참가자는 사례 제공자에게 질문하여 사안을 조사하고, 사례 제공자가 자신의 행동을 분석하도록 한다. 이제

사례 제공자는 이 상황에서 자기 행동의 기초가 된 직업적 견해와 개인적 가치관을 작성한다. 사례 제공자는 다른 상황에서도 이와 같이 행동할 수 있다. 그들은 다양한 관점과 자질을 자신의 것과 비교하면서 자신의 직업적 견해, 특정 자질 및 개인적 가치에 대해 무엇을 바꾸고 싶은지 숙고한다. 마지막으로 새로운 자질과 원하는 변화를 작성한다. 이 작업이 완료되면 대화는 원래 상황으로 돌아가서 사례 제공자는 이제 사례 상황에 대한 자신의 견해가 어떻게 바뀌었는지 구체화한다.

U 프로세스는 새로운 관점을 통해 초기 문제를 새로운 시각으로 바라보게 한다. 그 결과 바람직하고 미래에 필요한 상황이 만들어진다. 결국, 이 과정 전반에 걸쳐 참여자들은 일종의 U'를 따르게 된다. 상황의 표면에서 시작해, 그룹은 견해의 근본으로 깊이 파고들며, 그 지점에서 견해를 전환하고, 그 후 참여자들은 새롭게 구체화된 상황의 표면으로 다시 올라온다. 이 U 프로세스의 곡선은 사례 제공자가 새로운 통찰을 얻기 위해 겪어야 하는 도전적인 전환점이다.

U 프로세스의 장점은 무엇인가요?

U 프로세스는 사례 제공자가 자신의 직업적 견해와 개인적인 가치 및 자질을 발견하는 방법을 가르치는 데 적합하다. 곡선의 가장 깊은 지점에서 사례 제공자는 방해가 되는 생각을 인식하게 된다. 이는 새로운 통찰력으로 이어진다. 이러한 통찰력을 얻는 것 외에도 사례 제공자는 상황에 맞는 구체적인 도구와 새로운 행동에 대한 실행 계획을 개발한다.

방법의 장점과 단점

장점

- 이 단계들은 프로세스에 도움이 되는 자연스러운 전환을 형성한다. 나중에 참가자들은 종종 '그냥' 좋은 대화였다고 말한다.

단점

- U 프로세스는 '개선을 위한 학습'에는 적합하지 않다. 사례 제공자의 관점을 재활성화하는 데 매우 적합하다.
- 이 방법은 시간이 꽤 많이 걸리며 약 3시간 정도 소요된다.
- 진행자는 프로세스를 적절하게 안내해야 한다. 그렇지 않으면 참가자들이 필요한 깊이에 도달하지 못하고 기여가 피상적인 수준에 그치게 된다. U 프로세스는 변경할 수 있는 견해에 대해 작업하기 위해 개발되었다. 토론 중인 행동의 배경이 주로 누군가의 개인적인 자질과 가치관에서 발견되는 경우, 그에 따른 행동은 조정하기가 쉽지 않을 것이다.

함정

- U 프로세스의 7단계는 사례 제공자가 질적으로 다른 각도에서 사례와 행동 방식을 바라볼 것을 요구한다. 여러 단계가 너무 힘들거나 불필요한 것으로 간주되어 참가자가 서둘러 진행할 위험이 있다. 진행자는 그룹이 다음 단계로 넘어가기 전에 각 단계가 제대로 완료되었는지 확인할 책임이 있다. 이들은 사례 제공자에게 이를 확인한다.

- 단계들이 서로 이어지기 때문에 그 과정에서 단계의 본질에 대한 정의가 사라질 수 있다. 이를 주의하는 것이 진행자의 역할이다. 진행자는 단계를 소개하고 다음 단계로 넘어가기 전에 단계를 완전히 마무리한다.

사용 조건

조건들		
지속시간	그룹 규모	필요 품목
2-2.5시간	5-8명	(변화된) 이슈를 적기 위해 필요한 경우 플립 차트와 마커 펜

진행자와의 관련성					
방법의 본질		추가 준비	인터비젼 진행 경험	방법을 진행하는 경험과 지식	그룹 경험의 필요성
저변에 있는 견해와 가치를 드러내기		없음	++	+	++

방법이 상세하므로 숙련된 진행자를 추천한다. 이 사람은 참가자들이 저변에 있는 관점과 규범에 대한 좋은 통찰력을 얻을 수 있도록 프로세스와 단계를 엄격하게 통제해야 한다.

참가자들은 질문하고 성찰함으로써 사례 제공자의 연구를 돕는다. 따라서 다른 참가자들이 사례 제공자를 어떻게 지원하려고 하는지 주의 깊게 관찰하는 것도 진행자의 임무이다. 아마도 그들 자신의 규범과 가치, 패러다임과 관점이 영향을 받을 수 있다. 따라서 다른 참가자들도 자신의 저변에 있는 견해와 규범에 대한 통찰력을 얻을 수 있다.

단계들

준비

진행자와 사례 제공자가 사례, 사례 질문, 방법 선택에 대해 미리 논의한다. 사례 제공자는 몇 문장으로 사례를 준비하고 다음과 같이 끝맺는다: '제 질문은 …입니다.' 사례 제공자는 사례 설명과 선택한 인터비전 방법을 참가자와 진행자에게 미리 보낸다.

단계1. 사례 진술

사례 제공자는 사안에 대한 간략한 정보를 제공한다. 가능한 한 완전하고 사실적으로 상황을 설명한다. 자신의 행동과 인상, 상황과 관련된 고려 사항과 판단을 언급하는 것 외에도 자신의 생각, 연상, 해석 및 감정을 가능한 한 정확하게 설명한다. 자신의 관점에서 어떻게 보았는지 또는 내면에서 어떻게 느꼈는지. 사례 제공자는 사안에 대한 간단하고 강조적인 질문으로 도입부를 마무리한다.

참가자들은 사례 제공자가 설명한 상황이 충분히 명확해질 때까지 명료화하는 질문을 통해 가능한 한 명확하게 상황과 자신의 행동을 설명하도록 돕는다. 참가자들은 다시 제안과 해석을 내놓지 않는다. 진행자는 질문이 다양한 환경적 요인, 역사적 배경 또는 제3자의 의견에 관한 토론이나 자세한 설명으로 이어지지 않도록 주의한다.

질문의 예
- 정확히 무슨 일을 하셨고 무슨 생각을 하였나요?
- 다른 사람들은 무엇을 했고 어떤 경험을 했나요?
- 무슨 일이 있었나요 당신을 통해 무엇이 흘러갔나요?
- 망설이게 된 이유는 무엇이며 어떤 딜레마나 의구심이 있었나요?
- 어떤 옵션을 선택했나요?

단계2. 행동 특성

참가자들은 질문을 통해 사례 제공자가 상황의 특징, 특히 사례 제공자의 관찰과 행동의 특징을 파악하는 데 도움을 준다. 그림은 지금은 다소 추상적일 수 있다 외부에서 볼 때. 질문은 사례 제공자의 행동과 역할에 관한 것이어야 한다.

다음은 사례 제공자에게 질문할 수 있는 예시이다:
- 당신의 행동에서 어떤 특징과 패턴을 볼 수 있나요?
- 당신의 역할은 무엇이었나요?
- 당신이 행한 것 input 중 눈에 띄는 점은 무엇인가요?
- 어떤 딜레마가 있었나요?
- 무엇이 그러한 부분을 택하도록 하게 하였나요?
- 이 단계는 사례 제공자가 외부의 관점에서 문제를 재구성하여 마무리한다.

단계3. 저변에 놓인 견해와 가치

참가자들은 사례 제공자에게 접근 방식의 배경에 대해 질문한다. 그들은 그들의 특징적인 작업 스타일과 지배적인 직업관을 관점으로 사용한다. 참가자들은 또한 사례 제공자의 특정 자질과 개인적 가치관을 추적하려고 노력한다. 이 실습의 요점은 사례 제공자가 자신의 동기를 인식할 수 있도록 하는 것이다.

질문의 예
- 어떤 이유로 그런 일을 하게 되었나요?
- 그렇게 행동하게 된 동기는 무엇인가요?
- 어떤 대안이 있었나요?
- 왜 이런 식으로 하나요?
- 왜 이렇게 해석하시나요?
- 여기서 어떤 자질을 발휘할 수 있나요?
- 어떤 가치가 감정에 의해 영향을 받나요?

사례 제공자는 배운 내용을 바탕으로 사안을 조정할 수 있다. 그가 사안을 재구성하되, 이제는 자신의 전문적인 견해와 가치관의 관점에서 재구성한다. 사례 제공자의 개인적인 견해의 예는 다음과 같다: '항상 학대받기 때문에 내 감정을 표현할 수 없다' 또는: '나는 항상 기대에 부응해야 한다', 또는: '내가 통제하지 못하면 모든 것이 통제 불능 상태가 될 것이다' 등이 있다.

진행자는 사례 제공자가 바람직하지 않은 행동의 원인을 파악하고 이에 대해 말할 수 있는 시간을 갖도록 한다. 진행자는 사례 제공자에게 사안의 내용이 변경되었는지 확인한다.

단계4. 관점과 가치를 재고하기

사례 제공자는 참가자의 도움을 받아 자신의 직업적 견해, 자질, 가치관에 대해 바꾸고 싶은 점을 고민한다.

선택

진행자는 모두가 더 많은 통찰력을 얻을 수 있도록 잡담하기 방법을 사용하여 사례 제안자에게 참가자의 제안에 대한 아이디어를 제공할 수 있다. 진행자는 일부 심층적인 발견을 처리하는 데 시간이 걸린다는 것을 알고 있다. 발견한 내용이 주로 습득한 견해에 관한 것이 아니라 성격적 특성과 관련된 것이라면 토론을 위해 그냥 꺼내는 것이 쉽지는 않다.

사례 제공자는 자신의 새로운 견해를 실천할 수 있고 자신의 새로운 전망을 향하여 움직여 나가는 형태를 발견하기 위한 조건들을 확인한다. 대립이 강할수록 사례 제공자는 숙고할 시간이 더 많이 필요하다.

단계5. 새로운 관점

사례 제공자는 자신의 견해와 가치를 다시 고려하되, 이제는 의견 교환과 그에 수반되는 조건을 기반으로 한다. 참가자들은 대안적인 견해 중 어떤 것을 채택할지 결정하고 원래의 견해를 조정한다. 그런 다음 참가자들은 사례 제공자에게 특히 도움이 되는 다른 견해에 대해 질문한다. 진행자는 참가자들이 열린 마음, 판단하지 않으면서도 비판적으로 질문하는 태도를 유지할 수 있도록 한다.

관점의 한 가지 예시는 '일이 계획과 다르게 진행되면, 놀랄 수도 있지만 괜찮을 수 있다'는 견해이다.

질문의 예시:
- 내 견해를 유지하길 원하나요?
- 다른 견해가 언급된 적이 있나요? 내가 그런 견해에 민감한 가요?
- 내가 무엇을 다르게 할 수 있었을까요?
- 어떤 측면을 내가 직면해야 했을까요?
- 어떤 대안을 내가 고려할 수 있었을까요?
- 앞으로 이러한 문제를 해결하려면 어떤 관점이 도움이 될 수 있을까요?
- 이 단계가 끝나면 사례 제공자는 새로운 관점을 작성한다.

단계6. 행동의 새로운 방식

여기서는 제출된 사례에서 드러난 사례 제공자의 행동에 초점을 맞춘다. 사례 제공자는 이전 단계에서 새로운 전문적 관점을 공식화했다. 이제 사례 제공자는 사례 상황에서 어떤 행동 방식 또는 어떤 역할, 목표 또는 패턴을 원하는지 알려준다. 참여자들은 새로운 행동을 시작하는 데 방해가 되는 장애물에 대해 비판적인 질문을 하여 사례 제공자를 돕는다. 필요한 경우 해결책의 실현 가능성에 대한 피드백을 제공한다. 새로운 행동은 그런 식으로 가르칠 수 없으며 때로는 특정한 학습 궤적이 필요하다.

진행자는 사례 제공자가 새로운 행동에 대해 충분히 논의했는지 판단할 수 있도록 한다. 사례 제공자가 특정 사안에 대해 잠시 생각해 보고 싶을 수도 있다. 다음 인터비전 세션에서 이 문제에 대해 다시 이야기 될 것이다.

질문의 예시
- 어떤 변화를 당신은 선택하시겠습니까?
- 어떤 장점과 장애물을 볼 수 있나요?
- 결과는 어떻게 되나요?
- 어떤 조치를 취하고 싶으신가요?
- 고려해야 할 사항은 무엇인가요?

단계7. 새로운 상황

진행자는 대화를 실제 제출된 사례로 다시 가져온다. 사례 제공자는 새로운 상황에서 어떻게 행동할 것인지, 구체적인 결과는 어떻게 될 것인지에 대한 시나리오를 개발한다. 참가자들은 사례 제공자가 이 시나리오를 작성하는 데 도움을 준다.

질문의 예시
- 이것을 어떻게 처리하고 그것을 실행할 수 있나요?

- 이를 위해 어떤 조치를 취해야 하나요?
- 그 결과는 어떻게 되나요?
- 나는 새로운 행동 방식을 달성할 수 있는 충분한 잠재력이 있나요?
- 이 다른 행동 방식을 내면화하려면 어떻게 해야 할까요?

단계 8. 참여자의 통찰

각 참가자는 자신의 통찰을 적는다. 이 사례에서 무엇을 배웠나요? 선호하는 사고 및 질문 방식, 질문이 건설적이었는지 방해가 되었는지, 다른 참가자의 질문을 통해 무엇을 배웠는지 등과 관련된 내용일 수 있다.

단계9. 인터비전에 대한 성찰

진행자는 사례 제공자 및 참가자와의 인터비전 세션을 되돌아본다. 이 성찰의 목적은 다음과 같다:
- 사례 토론의 결과
- 학습 도구로서의 사례와 적용 방법의 성공

배경

U 프로세스는 1970년 당시 무역 및 산업을 위한 NPI네덜란드 교육연구소, Dutch Pedagogical Institute, 후에 NPI, 조직 개발 연구소로 바뀜에서 버나드 리브고드Bernard Lievegoed의 동료였던 프리드리히 글라슬Friedrich Glasl 더크 렘슨Dirk Lemson이 만들었다. 그 이후로 이 방법은 자주 사용되었

다. 2000년에 오토 샤머Otto Scharmer는 이 아이디어를 조직의 변화 프로세스를 위한 유용한 도구인 U이론Theory U로 번역했다.

참고문헌

Jaworski, J., D. Reeler, *A theory of social change and implications for practice, planning, monitoring and evaluation*, Community Development Resource Association, 2017.

Scharmer, C.O., *Theory U: learning from the future as it emerges*, Berrett-Koehler Publishers, 2007.

Senge, P., O. Scharmer, J. Jaworski, B. Flowers, *Presence: exploring profound change in people, organizations and society*, Nicholas Brealey Publishing, London 2004.

Senge, P., O. Scharmer, J. Jaworski, B.S. Flowers, *Presence, human purpose and the field of the future*, SoL Press, Cambridge MA, 2004.

U 프로세스

준비
진행자와 사례 제공자가 사례 및 방법 선택에 대해 미리 논의한다. 사례 제공자는 사례를 준비해서 참가자들과 진행자에게 미리 보낸다.

1단계. 사례 진술
사례 제공자가 가능한 한 사실적으로 사례의 주요 순간을 적는다. 사례 제공자는 자신의 인상, 고려사항, 행동을 설명한다. 참가자들은 명확한 이미지가 그려질 때까지 계속 질문한다. 제안, 토론, 자세한 설명은 하지 않는다.

2단계. 행동 특성
참가자들은 사례 제공자의 행동과 역할에 대한 상황 그림을 반영한다. 판단은 금지되어 있으며 조사를 할 수는 있다. 사례 제공자는 자신의 사고방식, 느끼고 행동하는 방식의 특징을 분석하고 공식화한다. 자신의 행동 방식에 대한 해석에 대해 이야기한다.

3단계. 저변에 깔려 있는 견해와 가치
참가자는 사례 제공자에게 그들의 생각, 느낌, 행동의 배경에 대해 질문한다. 그들은 특징적인 스타일, 지배적인 견해, 자질, 가치를 찾는다. 사례 제공자는 자신에게 왜 그렇게 생각했는지, 느꼈는지, 행동했는지 묻고, 사안을 자신만의 행동방식에 맞게 적용한다.

9단계. 인터비전에 대한 성찰

진행자는 사례 제공자와 참가자들에게 이번 인터비전 세션에 대해 어떻게 느꼈는지 묻는다.

8단계. 참가자의 통찰

참가자들은 자신의 통찰을 적고 공유한다.

7단계. 새로운 상황

사례 제공자는 새로운 상황에서 구체적으로 행동할 시나리오를 개발한다. 참가자는 이 시나리오 작성을 돕는다.

6단계. 새로운 행동

사례 제공자는 사례에서 견해를 새로운 행동 방식으로 바꾼다. 새로운 행동, 역할, 목표, 패턴을 적는다. 참가자는 실행가능성과 장애물에 대해 질문함으로써 돕는다

5단계. 새로운 관점

사례 제공자는 새로운 관점을 고려하고 어떻게 일을 처리할 수 있을지 상상해 본다. 선택지들을 조사하고 선택하고 싶은 것들을 정한다. 참가자는 사례 제공자를 도울 만한 것이 있다면 어떤 것이든 지원한다.

4단계. 견해 및 가치를 재고하기

사례 제공자는 자신의 스타일, 견해, 가치에서 무엇을 바꾸고 싶은지 숙고한다. 선택지를 비교한다. 참가자는 선택지를 찾도록 돕는다. 선택사항: 재구성된 사안에 대해 자신의 전문적 견해에 대해 잡담하기

문헌자료

Argyris, C., D. Schön, *Organizational Learning: A theory of action perspective*, Addison-Wesley, 1078.

Balint, M. *The doctor, his patient and the illness*, Churchill Livingstone, 1956 (2nd edition, 2000).

Barrett, F., R. Fry, H. Wittockx, *Appreciative Inquiry*, 2010.

Bateson, G., *Steps to an ecology of mind*, (19th edition), Ballantine Books, New York, 1972.

Bateson, G., *Het verbindend patroon*, Bert Bakker, Amsterdam, 1984.

Bellersen, M.M., Kohlmann, I., *Praktijkboek Intervisie*, Vakmedianet, 2009 (2nd edition 2013).

Berg, L.K., P, Szabo, *Brief Coaching for Lasting Solutions*, Norton Professional Books, 2005.

Buzan, T., *The Mind Map Book*, Penguin, New York, 1991.

Cooperrider, D., *Appreciative Inquiry Handbook*, Berrett-Koehler, 2003.

Delnoij, J., W. van Dalen, *Het Socratisch gesprek*, Damon, 2003.

Dilts, R.B., G. Bonissone, *Skills for the future, managing creativity and innovation*, Meta Publications, Cupertino, 1993.

Egberts, M., Managers en professionals coachen elkaar, in: T. Dijkstra, *Coachen als tweede beroep*, Thema, 2007.

Egberts, M., Managers coachen elkaar, issue paper *HRM in de praktijk*, Kluwer Bedrijfs-wetenschappen, 1996.

Es, R. van, *Professionele ethiek – Morele besluit vorming in organisaties en professies*, Kluwer, 2011.

Feltmann, E., B. Lubbers, M. Metsemakers, C. Dijkgraaf, *Denkadviseren, Over de relaties tussen de taal, het denken en de problemen van mensen in organisaties*, Mediawerf, 2010.

Flanagan, J.C., The Critical Incident Technique, *Psychological Bulletin*, 51(4), July 1954, P. 327-358,

Groot, G. de, A.M. Weggelaar-Jansen, Instrumenten om onproductieve gesprekken te analyseren, in; G. Smid, E. Rouwette (red.), *Ruimte maken voor onderzoekende professio-naliteit. Onderzoekend handelen, handelend onderzoeken* (p. 299-311), Van Gorcum, 2009.

Hendriksen J. *Intervision. Kollegiale Beratung in Sozialer Arbeit und Schule* (German) Paperback – May 1, 2011

Jaworski, J., *Synchronicity, the inner path of leadership*, Berrett Koehler, 1996.

Jaworski, J., D. Reeler, *A theory of social change and implications for practice, planning, monitoring and evaluation*, Community Development Resource Association, 2007.

Katie, B., S. Mitchell, *Four Questions That Can Change Your Life*. Harmony Books, 2002.

Kessels, J., *Socrates op de markt, filosofie in bedrijf*, Boom, 1997.

Kessels, J., B. Boers, P. Mostert, Vrije ruimte, *filosoferen in organisaties, Klassieke scholing voor de hedendaagse praktijk*, Boom, 2003.

Ludema, J.D., D. Whitney, B.J. Mohr, T.J. Griffin, *The Appreciative Inquiry summit*, Berrett-Koehler, 2003.

Luft, J, and Ingham, H, (1955) 'the Johari window, a graphic model of interpersonal awareness', *Proceedings of the western training laboratory in group development*, Los Ange-les: UCLA

Masselink, R., J.C, de Jong, R, van den Nieuwenhof, *A, van Iren e.a., Waarderend organiseren*, Gelling Publishers, 2008.

Maslow, A.M., *Motivation and personality*, Harper & Brothers, New York, 1954.

Marquardt, M.J., Leonard, S., Freedman, A., and Hill, C. *Action learning for developing leaders and organizations*, Washington, DC: American Psychological Press, 2009.

Marquardt, M.J., *Action Learning in Action: Transforming Problems 6 People for World class Organizational Learning*, 1999.

Morgan, G., *Images of organization*, Sage Publications, 1986.

Nelson, L., *De Socratische methode*, Boom, 1994.

Nonaka, 1, Takeucho H., *The knowledge creating company*, Oxford University Press, 1995.

Revans R.W., *ABC of Action Learning*, Gower Publishing Ltd, 2011.

Sams, J., *Dancing The Dream: The Seven Sacred Paths Of Human Transformation*, HarperOne, 1999.

Sams, J., *Sacred Path Cards: The Discovery of Self Through Native Teachings*, HarperOne, 1999.

Scharmer, C.O., *Theory U: learning from the future as it emerges*, Berrett-Koehler Publishers, 2007.

Schön, D., *Educating the Reflective Practitioner*, Jossey-Bass, 1990.

Schön, D., *The Reflective Practitioner, how professionals think in action*, Basic Books, 1983.

Scott-Morgan, P., *The Unwritten Rules of the Game*, McGraw-Hill Publishing, 1994.

Senge, P., *The Fifth Discipline: The Art & Practice of the Learning Organization*, Doubleday, 1990.

Senge, P. e.a., *The Art o Practice of the Learning Organization*, Deckle Edge, 2006.

Senge, P., *The Dance of Change: The challenges to sustaining momentum in a learning organization*, Doubleday, 1999.

Senge, P., O. Scharmer, J. Jaworski, B. Flowers, *Presence: exploring profound change in people, organizations and society*, Nicholas Brealey Publishing, London, 2004.

Stam, J.J., Het verbindende veld. *Systemische inzichten in werk en organisaties*, Het Noorderlicht, 2004.

Stam, J.J., *Vleugels voor verandering*. Het Noorderlicht, 2012.

Svantesson, I., *Mind Mapping and Memory*, Swan Communications, 1989.

Swieringa J., A.F.M. Wierdsma, *Op weg naar een lerende organisatie*, Wolters-Noordhoft, Groningen, 1990.

Verhoeven, W. *De kunst van het vragenstellen*, Associatie voor Coaching, Aarle-Rixtel, 2010.

Wycoff, J., *Mindmapping, your personal guide to exploring creativity and problem solving*, Berkeley, 1991.

Whitney, D., A. Trosten-Bloom, *The Power of Appreciative Inquiry*, Berrett-Koehler, 2003.

우리의 목적

우리는 인터비전의 전문화에 기여하고자 합니다. 이를 위해 인터비전에 관한 책을 집필하고, 인터비전 방법을 개발하고, 워크숍을 개최하고, 인터비전 방법에 대한 교육 과정을 운영하고 있으며, 인터비전 세션을 진행하고, 인터비전 그룹을 지원하고 있습니다. 우리는 전문가와 조직이 자신을 더 빠르고, 더 잘, 더 전문적으로 발전시킬 수 있는 기회를 놓치고 있다는 사실을 발견했습니다. 인터비전을 활용하면 원하는 발전이 더욱 탄력을 받을 수 있습니다.

인터비전은 응용적이고 효율적인 방식으로 자신을 지속적으로 개선하는 방법입니다. 우리는 우리의 경험을 바탕으로 성찰과 인터비전 분야에서 국제적으로 지식을 교환하고자 합니다.

인터비전은 국제적인 대화와 이해, 발전을 위한 엄청난 잠재력을 가지고 있습니다. 예를 들어 서로 다른 국제 지사, 서로 다른 문화권, 서로 다른 국가 간의 직원들에게도 적용될 수 있습니다. 유럽 안팎의 동료들과 함께 우리는 인터비전의 글로벌 적용을 촉진하기 위해 앞장서고 있습니다.

이 영문판은 전문화를 위한 도구로서 인터비전의 확산에 기여하고 있습니다. 이 책은 2009년부터 네덜란드에서 여러 판으로 재출간되어 실무에서 더욱 발전된 네덜란드 원서인 Praktijkboek Intervisie를 기반으로 합니다. 이 책에 소개된 10가지 방법 외에도 더 많은 인터비전 방법이 있으며, 향후 개정판에서 다룰 수 있을 것입니다. 또 다른 방법을 알고 계신다면 여러분의 의견을 듣고 싶습니다. 이 책을 읽은 후 전문 개발 도구로서 인터비전의 적용 및 도입에 대해 더 자세히 알고 싶으시다면 주저하지 마시고 문의해 주세요.

출처를 추적하고 언급하기 위해 최선을 다했습니다. 저희가 간과한 부분이 있다면 알려주시기 바랍니다.

모니크 벨러슨Monique Bellersen, 이네즈 콜만Inez Kohlmann
PraktijkIntervisie, the Netherlands 2016
www.networkintervision.com www.praktijkintervisie.nl 네덜란드어